Summary of the Mark
마가복음 핵심강해

이 요 나 지음

홀리북스

Summary of the Mark
마가복음 핵심강해

저자 이 요 나
출판 홀리북스

등록 제2014-000225
주소 06102 서울시 강남구 언주로 608 303
전화 02-546-3211
팩스 02-798-5412

가격 9,300원

본문에서 사용된 성경 말씀은 대한성서공회가
1961년 발행한 '성경전서 개역한글판'을 사용하였습니다.

- 파본은 구입하신 서점에서 교환해 드립니다-

(후원계좌 우체국 012526-01-004539 갈보리채플)

- 목 차 -

청년 마가의 비전   5

복음의 시작 (막1:1)   8

약대털을 입은 선지자 (막1:6)   11

회개와 복음 (막1:15)   14

복음과 영적전쟁의 4단계 (막1:24)   17

믿음의 발견과 모험 (막2:9)   21

의식의 혁명 (막2:21-22)   25

복음의 혁명 (막3:13-15)   28

성령을 훼방하는 죄 (막3:28,29)   31

들을 귀가 있느냐 (막4:9)   35

천국의 비밀 (막4:11-12)   38

씨 뿌리는 비유 (막4:13)   41

말씀과 사탄 (막4:14,15)   44

무엇을 듣는가 스스로 삼가라 (막4:23-25)   48

어찌 믿음이 없느냐? (막4:40)   51

신세대 프로젝트 (막5:3-5)   54

믿음의 모험과 인생공감 (막5:36)   58

양의 침묵과 목자의 영적체감 (막6:52)   62

무엇이 당신을 더럽게 하는가? (막7:20-23)   66

오병이어에 담긴 복음의 계시 (막8:18)   69

음란하고 믿음이 없는 세대 (막9:19)   73

무엇을 하여 주기를 원하는가? (막10:51)   77

말씀의 성취와 믿음의 기도 (막11:24)   81

천국에 이르는 지혜 (막12:34)   85

무화과나무 비유를 배우라 (막13:28-30)   90

너는 무엇을 기념하는가? (막14:9)   93

실족의 원인과 단계 (막14:72)   97

당신은 무엇을 보고 믿는가? (막15:39)   101

무엇을 근심하는가? (막16:3)   105

완악한 마음과 불신앙 (막16:14)   109

믿음의 시험과 말씀의 보증 (막16:17,18)   113

갈보리채플 사역비전   117

청년 마가의 비전

(막 14:51,52) 한 청년이 벗은 몸에 베 홑이불을 두르고 예수를 따라 오다가 무리에게 잡히매 베 홑이불을 버리고 벗은 몸으로 도망하니라

마가는 다른 복음서 기자들과 달리 예수님의 탄생에 대하여 언급하지 않았다. 마가는 아주 간결하고 함축성 있는 표현으로 예수 그리스도의 복음을 저술함으로써 당대 최고의 문명의 시대를 살아가는 로마 사람들에게 새로운 영적세계를 향한 비전을 심고자 하였다.

우리는 마가복음 1장을 공부하기 전에 이 글의 저자에 대하여 살펴보아야 할 것이다. 마가는 요한이라고도 불렸으며, 그는 사도행전에서 소개되는 사도 바울의 동역자 바나바의 조카이다.

예수께서 십자가에 못박힐 무렵 마가 요한은 12살 정도의 청소년이었다. 우리는 마가복음 14장에서 주님이 잡히실 때 한 청년이 베 홑이불을 두르고 예수를 따라 오다가 무리에게 잡히자 홑이불을 버리고 벗은 몸으로 도망치는 장면을 보게 되는데, 마가는 이 사건을 넌지시 기록하여 자신이 예수 그리스도를 직접 목격한 산 증인됨을 암시하였다.

성인이 된 후 마가는 바울과 삼촌인 바나바를 따라서 1차 선교여행에 참여하였다가 되돌아갔다. 무슨 이유로 위대한 선교대업을 접었

느지 우리는 알 수 없지만 홀어머니로부터 곱게 자라난 인생 초년
병 마가로서는 상당히 힘들고 부담스러운 여행이었을지도 모른다.

이 일로 바울은 2차 전도여행에 마가를 데리고 가는 것을 꺼려하여
바나바와 큰 언쟁을 하였다. 아마 바울은 담력 없는 애송이는 위대한
복음 전파의 선교대열에 함께 할 수 없다고 생각했을 것이다.

그러나 삼촌 바나바가 마가를 꼭 데리고 가려고 하자, 두 사도간에 심
한 언쟁을 벌인 끝에 이방선교 팀은 둘로 갈라져서 바울은 실라와 함
께, 바나바는 마가와 함께 떠나게 되었다. 그러나 훗날 바울은 사랑
하는 제자 디모데에게 마가를 로마로 데려오라고 하였다(딤후4:11).

예수님 공생애 당시 어린 마가는 베드로를 통하여 예수 그리스도에
대한 모든 것을 들었을 것이다. 그리고 헬라어에 능통한 마가는 베드
로의 입이 되어 복음활동에 참여하였을 것이다. 이에 베드로는 마가
를 가리켜 아들이라고 불렀다.

이제부터 우리는 예수 그리스도를 친히 목격한 복음의 동역자 젊은
마가를 통하여 가장 생생하고 리얼한 예수 그리스도의 삶의 현장을
목격하게 될 것이다.

나는 복음의 비전을 가진 젊은이들에게 마가복음을 심층 연구할 것
을 권하고 싶다. 그것은 그 당시 노련한 사도들 속에서 복음을 향해
열정을 불태우던 청년 마가 요한이 쓴 글이기 때문이다.

또 한 가지 이유는 마가복음은 로마인을 대상으로 기록하였기 때문

에 내용이 간결하게 함축되어 다른 복음서에 비해 읽기가 수월하여 각 장마다 펼쳐진 심도 깊은 신선한 메시지는 신세대를 자극하기에 충분히 매력적이다.

그 당시 로마는 전 세계를 이끄는 종주국으로 정치, 경제, 문화 모두 로마를 통하고 있었다. 시대적으로 로마는 알렉산더 대왕이 이루어 놓은 헬라문명과 헬라철학을 바탕으로 철학과 학문과 예술에 있어 최고의 경지를 이루었고 신화를 바탕으로 가이사 황제를 신으로 신봉하는 인간 승리의 휴머니즘이 지배하던 시대이다.

오늘 우리는 곧 다시 펼쳐질 로마제국의 판도를 눈앞에 두고 있다. 아니 벌써 시작되었다고 보아야 한다. 이미 유럽은 화폐를 하나로 통합하는 유럽연합국을 이루었다.

이제 곧 유럽연합국이 정치, 경제의 모든 패권을 쥐게 될 것이다. 이런 면에서 마가복음은 시대를 분변하는 특별한 메시지를 우리에게 전하고 있다. 그리스도의 진리의 은혜가 이 글을 읽는 모든 동역자들에게 임하시기를 기도한다.

이요나 목사

복음의 시작

(마가복음 1:1) 하나님의 아들 예수 그리스도 복음의 시작이라

마가복음의 첫 장은 '예수 그리스도의 복음의 시작'으로 출발한다. 우리의 인생에서 무엇이 시작된다는 것은 매우 기쁜 일이다. 더구나 하나님의 아들 예수 그리스도의 복된 소식이 시작되는 것은 얼마나 기쁘고 복된 일인가?

'복음'은 'Good News'이다. '좋은 소식'이란 그 말 자체가 주는 의미만으로도 우리의 마음을 설레게 한다. 요즘같이 눈만 뜨면 나쁜 소식들을 접해야 하는 세상 속에서 좋은 소식을 듣는다는 것은 정말로 복받은 사람들에게 주시는 하나님의 은혜가 아닐 수 없다. 그러므로 지금부터 우리는 하나님의 아들 예수 그리스도로 시작된 '좋은 소식'을 듣게 되는 것이다.

예수 그리스도 복음의 시작은 '하나님의 아들'로 시작된다. 그 어떠한 존재도 하나님을 능가할 수는 없기 때문이다. 그는 창조자이며 영원하심, 전지전능, 무소부재 불변의 존재로서 아무도 가까이 갈 수 없는 거룩한 신성이며, 모든 힘의 근원이시며 시작과 끝이다. 또한 창조자 하나님에 대하여는 그 아들 예수 그리스도를 통하지 않고서는 그 어떠한 방법으로도 접근할 수 없다.

'하나님', 곧 '엘로힘'은 복합 단수 명사로서 하나님의 이름이 아니라 삼위일체이신 성부 성자 성령의 창조자 직함의 칭호이며, '아들'은 말할 것도 없이 성육신하신 예수 그리스도이시다.

사람들은 아들이라는 의미 속에 하나님도 인간과 같은 혈족 관계를 갖고 계신 것처럼 생각할 수 있겠지만 그러나 하나님께서는 인간이 아니시므로 아들을 낳거나 아내를 거느리지 않는다. 그러므로 복음서에서 예수를 가리켜 '인자'라 표기한 것은 '신적 의인화' 곧 하나님의 '존재론적'(Ontological) 호칭이다.

천상천하 최고의 아름다운 칭호 '예수'라는 이름은 '구원자'에 해당하는 히브리어 '예슈아'의 헬라어 번역으로 성경은 '자기 백성을 저희 죄에서 구원할 자'라고 부연하였다. 또한 그의 아름다운 이름에는 '그리스도'라는 직무적 칭호가 부여되었는데, 이것은 구약의 '메시아'의 헬라어 번역으로 '기름부음을 받은 자'를 뜻한다.

'복음'은 원래 기쁜 소식을 전하는 자에게 수여되는 상급으로 그 말 자체가 '기쁜 소식'이란 의미가 되었다. 또한 여기서 언급된 '시작'이란 단어는 하나님의 예정에 속한 그리스도에 관한 모든 시간들이 포함된 것으로, 이 속에는 창조로부터 믿음의 조상 아브라함과 다윗을 포함하여 우리에 이르기까지 그리스도의 날에 동참한 모든 믿음의 역사를 포함하고 있다.

이와 같이 '하나님의 아들 예수 그리스도의 복음의 시작이라'는 짧은 말씀 속에는 창조자 하나님에 관한 신적 속성과 그의 뜻 안에 예정된 계시와 복음의 경륜이 모두 포함되어 있다.

마가는 예수 그리스도 복음의 근원을 성경에서 찾고 있다. 이것은 우리에게 커다란 의미를 부여한다. 왜냐하면 성경의 신적 권위를 증명하는 것이기 때문이다.

그러므로 마가는 이사야를 통하여 미리 말씀하신 "광야의 외치는 자의 소리가 있어 이르되 너희는 주의 길을 준비하라 그의 오실 길을 곧게 하라"(사40:3)는 예언이 세례요한을 통하여 이스라엘 역사 현장에 그대로 성취되었음을 증거하였다.

그럼에도 그 당시 사람들은 세례 요한에 대하여 그가 선지자 이사야와 말라기를 통하여 예언된 사람이라고 받아들이지 않았다. 그들이 하나님의 택하신 백성이요, 성경이 그들의 경전임에도 각성하지 못한 것은 성경을 율법적 경전으로만 받아들였지, 살아서 역사하시는 하나님의 말씀으로 인식하지 못했기 때문이다. 그러므로 종말의 때에 성경을 대하는 우리 또한 성경에 대한 영적 지혜를 터득해야 할 것이다.

사랑하는 주님! 주의 오심을 송축하오며, 우리에게 성경을 주시어 주의 살아계심과 주의 은혜와 영광을 보게 하심을 감사드리오니 홀로 영광 받으시옵소서. 예수님 이름으로 기도합니다. 아멘.

[핵심연구]
1. 복음이란 뜻은 무엇인가?
2. 복음의 주체는 누구인가?
3. 복음은 어떻게 시작 되었는가?

약대털을 입은 선지자

(마가복음 1:6) 요한은 약대털을 입고 허리에 가죽띠를 띠고 메뚜기와 석청을 먹더라

오늘 세례 요한의 사역적 권능에 대한 마가의 증거는 가히 엽기적이다. 과연 그가 누구이기에 그의 말 한마디에 온 유대와 예루살렘 사람들이 다 나아와 자복할 수 있단 말인가? 복음의 시대를 사는 우리도 아직 이러한 하나님의 권위의 나타남을 보지 못하였다. 그러나 이보다 더 큰 이적들이 예수 그리스도의 재림과 함께 또 한 번 전개될 것이라는 성경의 예언은 우리에게 신비한 충격이 아닐 수 없다.

마가는 세례 요한에 대하여 "요한은 약대털을 입고 허리에 가죽띠를 띠고 메뚜기와 석청을 먹더라" 소개하였다. 이러한 복장은 고대 산간에서나 볼 수 있는 산적 두목이나 거렁뱅이의 모습이 아닐 수 없다. 더구나 중동지방에서의 약대털이라니 참으로 믿기지가 않는다. 그러나 여기에는 아주 중요한 메시지가 숨겨져 있다.

누가는 세례 요한의 가계에 대하여 그의 아버지 사가랴는 아비야 계열의 제사장이며 그의 어머니 엘리사벳은 아론지파의 자손이라고 기록하였다. 여기서 우리는 아비야에 대하여 살펴볼 필요가 있다. 아비야는 역대상 24장에 나오는 다윗 성전에서 아론의 반차를 따라 예배를 봉헌하던 8번째 서열로 뽑힌 대제사장이다.

이와 같이 세례 요한은 양가 부모 모두가 제사장의 혈통 중에서 뼈대 있는 가문이다. 이러한 이유로 세례 요한의 아버지 사가랴는 당시의 반차의 서열을 따라 제사장의 직무를 수행하고 있었다(참조 눅1:8). 그러므로 세례 요한은 그 서열을 계승하여 평생 이스라엘 가운데서 존경받으며 영화를 누릴 수 있었다.

마가는 "요한은 약대털을 입고 허리에 가죽띠를 띠고 메뚜기와 석청을 먹더라"(막1:6) 기록하였다. 이는 세례 요한의 생활 방법을 언급한 것이다. 제사장의 신분에서 스스로 내려와 자청해서 노숙자와 같은 생활을 한 것이다

세례 요한은 거룩한 제사장 신분임에도 스스로 짐승의 옷을 입어 이 땅의 모든 사람들은 지위고하를 막론하고 에덴동산에서 추방당한 죄인임을 선포한 것이다. 그는 자신의 삶을 통하여 택함을 받은 이스라엘 백성이라도 하나님을 떠난 인간은 짐승과 다를 바 없다고 선포하고 있는 것이다.

세례 요한의 사역의 시작은 '주의 길을 예비하라'는 메시지이다. 이 말씀을 따라 세례요한은 회개의 메시지를 선포하였다. 과연 세례와 주의 오심과는 어떤 관계가 있는 것일까? 누가는 예수님과 세례 요한이 친족관계를 갖고 있음과 6개월의 차이를 두고 탄생되었음을 증거하였다. 따라서 세례 요한과 예수님은 어려서부터 서로 잘 알고 지냈을 것이다.

그럼에도 세례 요한은 "나보다 능력 많으신 이가 내 뒤에 오시나니 나는 굽혀 그의 신들메를 풀기도 감당치 못하겠노라 나는 너희에게

물로 세례를 주었거니와 그는 성령으로 너희에게 세례를 주시리라" (7,8) 외쳤다. 그는 새로운 복음의 시대의 시작, 곧 예수 그리스도의 시대, 곧 성령의 시대를 선포한 것이다.

어느 날 주님은 제자들에게 세례 요한에 대하여 "너희가 왜 광야에 나갔더냐 흔들리는 갈대냐, 부드러운 옷을 입은 사람이냐, 부드러운 옷을 입은 사람들은 왕궁에 있다. 그러면 어찌하여 나갔더냐 선지자냐 그렇다 선지자의 말씀을 들으러 온 것이다"(마11:7-9) 말씀하시고, 다시 "그러나 여자가 낳은 자 중에 세례 요한 보다 더 큰 자는 없다"(눅7:28)고 증거하셨다. 성경에서 하나님의 아들 예수님으로부터 이만한 칭송을 받은 사람은 한 사람도 없었다.

오늘 나는 이 메시지를 들으며 부귀영화 속에서 교회를 아들들에게 세습하는 교회 지도자들을 본다. 그들은 과연 주의 오심을 예비하는 자들인가? 그들은 세례 요한이 우리에게 무엇을 말하고 있는지 살펴보아야 할 것이다.

사랑하는 예수님, 오늘 우리는 주님의 오심을 증거한 세례 요한의 거룩하고 의로운 삶을 목도합니다. 그의 의로움처럼 우리도 온전한 그리스도인이 되게 하소서. 예수님 이름으로 기도합니다. 아멘

[핵심연구]
1. 세례 요한의 소명은 무엇인가?
2. 약대털을 입고 석청을 먹었다는 것은 무엇을 뜻하는가?
3. 세례 요한은 예수님을 어떻게 증거하였는가?

회개와 복음

(마가복음 1:15) 가라사대 때가 찼고 하나님 나라가 가까왔으니 회개하고 복음을 믿으라 하시더라

회개의 복음선포는 세례 요한이 광야에 나아가 "회개하라 천국이 가까웠느니라" 선포하면서 시작되었다. 또한 예수께서 "때가 찼고 하나님 나라가 가까왔으니 회개하고 복음을 믿으라"(15) 선포하셨고, 예수께서 부활하신 후 오순절 성령강림 때에 사도들에 의하여 "너희가 회개하고 돌이켜 죄사함을 받으라"(행2:38, 3:19) 선포되었다.

그러므로 회개의 복음은 예수 그리스도께서 이 땅에 다시 오시기 전까지 선포될 구원의 메시지이며, 회개의 복음 선포는 어느 시대를 막론하고 주제가 바뀔 수 없다. 따라서 회개는 복음의 출발선이며 또한 천국의 시작이다. 이보다 더 위대한 복음의 선포는 있을 수 없다.

흥미롭게도 예수님은 하나님의 복음을 전파하며 나를 믿으라 하지 않으시고 복음을 믿으라 하셨다. 그러므로 이 말씀은 그 당시 이스라엘 백성들만을 위한 것이 아니라 종말의 때를 살아가는 이 땅의 모든 사람들을 향한 복음의 계시이다.

회개란 죄악 된 생각을 버리고 하나님께로 마음을 돌이킨다는 뜻이다. 그러므로 누가는 세례 요한의 권위에 대하여 "엘리야의 심령과

능력으로 주 앞에 앞서 가서 아비의 마음을 자식에게 거스리는 자를 의인의 슬기에 돌아오게 하고 주를 위하여 세운 백성을 예비하리라"(눅1:17) 기록하였다. 다시 말해 세례를 통하여 하나님과의 관계 회복의 기초를 놓으라고 하신 것이다.

그러므로 누가는 "모든 백성과 세리들은 이미 요한의 세례를 받은지라 이 말씀을 듣고 하나님을 의롭다 하되 오직 바리새인과 율법사들은 그 세례를 받지 아니한지라 스스로 하나님의 뜻을 저버리니라"(눅7:29,30) 증거하였다.

그러나 더 중요한 것은 회개하여 의인이 되었으면 의인의 복된 삶을 살기 위해 복음을 믿어야 한다. 그러기 위해서 두 가지가 동시에 이루어져야 하는데 먼저는 회개의 선포이고 그 다음은 성경을 통한 복음의 가르침이다.

마태는 "예수께서 온 갈릴리를 두루 다니사 저희 회당에서 가르치시며 천국복음을 전파하시며 백성 중에 모든 병과 모든 약한 것을 고치셨다"(마4:23) 기록하였다. 여기서 회당이란 유대인들의 교회로서 오늘날 우리의 교회라고 할 수 있다.

이 말씀에 의하면 예수님은 먼저 회당에서 그의 백성들에게 '가르치시며' 또한 온 동네를 다니시며 천국복음을 '전파'하셨다. 다시 말하여 하나님을 믿는 백성들에게는 복음을 가르치시고, 믿지 않는 사람들에게 구원의 복음의 선포를 하셨다는 말씀이다.

그러므로 어떤 목사가 교회 안에서 성도들에게 '천국이 가까웠다. 회개하고 예수를 믿으라' 선포했다면 그는 실수한 것이다. 교회 안의 성도들은 이미 회개하고 예수 그리스도를 영접한 하나님의 자녀이기 때문에 그들에게 필요한 것은 성경의 말씀을 가르쳐야 하는 것이다.

오늘날 우리 교회의 문제는 회개하고 예수 그리스도를 영접하여 의인이 되었음에도 의인된 삶을 살지 못하고 있는데 있다. 그 이유는 교회가 성경 전체를 통한 진리의 복음을 가르치지 않았기 때문이다.

나는 서른 살에 예수를 믿어 하나님의 자녀, 곧 의인이 되었다. 그러나 온전한 복음을 듣지 못한 채, 12년 동안을 죄인의 모습 그대로 살았다. 이 얼마나 어처구니 없는 일인가?

그러므로 바울은 "복음에는 하나님의 의가 나타나서 믿음으로 믿음에 이르게 하나니 기록된바 오직 의인은 믿음으로 말미암아 살리라"(롬1:17) 증거하였다. 이 말씀은 곧 의인의 믿음은 성경적 생활로 증명되어야 한다는 뜻이다.

사랑하는 주님, 나에게 회개의 복음을 주셨으니 이제 복음의 삶을 살게하여 주소서. 예수 이름으로 기도합니다. 아멘

[핵심연구]
1. 회개란 무엇인가?
2. 복음이란 무엇인가?
3. 복음을 믿는다는 것은 무엇을 뜻하는가?

복음과 영적전쟁의 4단계

(마가복음 1:24) 나사렛 예수여 우리가 당신과 무슨 상관이 있나이까 우리를 멸하러 왔나이까 나는 당신이 누구인 줄 아노니 하나님의 거룩한 자니이다

예수 그리스도의 복음사역과 함께 나타난 것은 바로 영들의 훼방이다. 이 영들의 훼방은 때로는 회유로, 때로는 공격으로, 때로는 합의적 타협을 유도한다.

오늘 본문에서 예수 앞에 나타난 첫 번째 영적 현상은 복음의 현장에서 나타났다. 예수께서 회당에서 가르치실 때에 귀신들린 사람이 나아와 "나사렛 예수여 우리가 당신과 무슨 상관이 있나이까 우리를 멸하러 왔나이까 나는 당신이 누구인 줄 아노니 하나님의 거룩한 자니이다"(24)하고 소리를 질렀다. 이에 예수께서 "잠잠하고 그 사람에게서 나오라" 꾸짖으시니 그에게 경련을 일으키고 귀신이 나왔다.

여기서 우리가 생각할 것은 귀신들린 사람의 상태이다. 우리는 성경에 '귀신들린 자'라고 기록되었기 때문에 마치 정신 분열증이나 미친 사람처럼 생각하게 되는데, 그가 말한 내용들은 서기관이나 제사장들조차 깨닫지 못한 영적 지식이다. 또한 그가 정신병자나 미친 사람이었다면 회당 출입은 용인되지 않았을 것이다.

이와 같이 오늘날도 교회 안에서 악한 영들의 역사는 광명한 천사와 같은 사람들에 의해 일어나고 있다. 그러므로 바울은 "사단의 일군들도 자기를 의의 일군으로 가장하는 것이 또한 큰일이 아니라"(고후11:15) 증거하였다.

예수 그리스도의 복음사역에 나타난 사탄의 두 번째 전략은 택하신 제자들로 온전히 헌신을 하지 못하게 하는 것이다. 예수님은 회당에서 귀신을 쫓아 내신 후 곧 바로 야고보와 요한과 함께 베드로와 안드레의 집으로 들어가셨다. 그날 베드로와 안드레 두 형제가 예수께서 설교하시는 회당에 나오지 못했기 때문이다.

예수께서 베드로의 집에 들어가니 베드로의 장모가 열병으로 누워 있어 그녀의 손을 잡아 일으키니 열병이 떠났다. 흥미롭게도 누가는 "예수께서 열병을 꾸짖으시니 병이 떠났다"고 기록하였다. 그러므로 베드로의 장모를 사로잡은 열병은 귀신의 역사였음을 알 수 있다. 이와 같이 오늘날도 주께 부름받은 많은 사람들이 가족의 문제와 질병에 발목이 잡혀 온전히 복음 사역에 헌신하지 못하고 있다. 그러나 우리는 주께서 부름받은 복음의 제자의 발목을 붙잡는 영들의 사슬을 끊으셨음을 기억해야 할 것이다.

세 번째 나타난 사탄의 책략은 더욱 교묘해졌다. 그리스도의 복음사역을 변질시키려 했기 때문이다. 예수께서 가시는 곳마다 병을 고치시고 귀신을 쫓아내니 소문이 갈릴리 사방에 퍼져 온 동네가 예수께서 계신 집 문 앞으로 몰려들었다(33). 이와 같은 상황에 이르자 예수님은 이른 새벽 한적한 곳에 가셔서 기도하셨다. 그때 베드로와 제자들이 예수께 와서 모든 사람들이 찾는다고 재촉하였다.

어쩌면 제자들은 새벽부터 몰려드는 사람들을 보며 신바람이 났을지도 모른다. 이제 이곳에 거대한 회당이라도 짓고 본격적인 치유사역을 하면 하루아침에 부흥될 것이라고 생각했을지도 모른다. 그러나 주님의 대답은 전혀 달랐다. "우리가 다른 가까운 마을로 가자 거기서도 전도하리니 내가 이를 위해 왔다"(38) 말씀하셨다. 이와 같이 사탄은 사람의 마음을 충동시켜 복음을 변질시키려 한다.

사탄의 네 번째 전략은 구원받은 사람들의 높아진 마음속으로 파고들어 하나님의 자녀로 하여금 복음으로 말미암은 의로운 생활을 못하게 하는 것이다. 그 내용이 바로 본문 마지막 단락에 소개된 문둥병자의 이야기이다(40-45).

한 문둥병 환자가 예수께 와서 꿇어 엎드려 "원하시면 저를 깨끗하게 하실 수 있습니다"(40)하고 간구하였다. 이에 예수께서 그를 긍휼이 여겨 "내가 원하노니 깨끗함을 받으라"(41) 하셨다. 여기서 '깨끗하게'라는 용어가 사용된 것으로 보아 문둥병은 치료의 개념이 아닌 종교적 의식과 관계가 있음을 알 수 있다.

현대의학에서 문둥병은 한센병으로 분류되어 전염병으로 관리하지만 고대로부터 문둥병은 저주받은 천형과 같이 여겨 왔다. 그러므로 이스라엘에서의 문둥병은 종교적으로 제사장의 정결의식을 받도록 율법으로 정하였다. 그러나 구약에 문둥병 정결의례가 율법으로 제정된 이래 한 번도 정결의식을 통하여 회복된 사례가 없었다.

물론 모세의 누이 미리암이 모세의 권위에 도전하다 문둥병에 걸렸으나 모세의 기도로 치유를 받았고, 문둥병 들린 아람의 나아만 장군도 엘리사의 말에 순종하여 요단강에 일곱 번 씻어 정결함을 받았지만, 미리암은 율법 이전의 사건이고, 나아만 장군은 율법에 속하지 않은 이방인의 일이다. 그러므로 예수께서 문둥병자를 정결케하신 것은 성경의 첫 기록으로 성경은 문둥병을 인간의 원죄로 다룬다.

예수님은 그를 깨끗케 하신 후 엄히 명하여 "아무에게도 말하지 말고 가서 네 몸을 제사장에게 보이고 너의 깨끗케 됨을 인하여 모세의 명한 것을 드려 저희에게 증거하라"(44) 하셨다. 이 말씀은 이제 원죄에서 풀려났으니 교회로 돌아가서 목사에게 성경 말씀을 배우며 성도로서 합당한 생활을 하라고 말씀하신 것이다. 그러나 그는 주님의 명령을 거역하고 나가서 간증을 하고 돌아 다녔다. 평생 문둥병자로 살던 사람이 얼마나 안다고 예수 그리스도의 복음을 증거 하겠는가? 그 결과 오히려 예수님의 활동은 방해를 받고 말았다.

나는 오늘 본문에 제시된 영적 훼방들은 우리 교회 안에서도 동일하게 나타나고 있다고 생각한다. 마가는 그 당시 예수 그리스도의 복음의 활동 가운데 나타난 일들을 통하여 우리에게 계시적 복음을 전하고 있기 때문이다. 그러므로 이제 우리는 성경의 말씀을 상고하여 복음의 진리를 깨달아 영들의 역사를 막아 내어야 할 것이다. 아멘.

[핵심연구]
1. 첫 번째 영적 훼방은 무엇인가?
2. 사탄의 두 번째 전략은 무엇인가?
3. 사탄은 예수님의 사역을 어떻게 변질시키려 하였는가?
4. 예수님은 구원받은 죄인에게 무엇을 하라고 말씀하셨는가?

믿음의 발견과 모험

(마가복음 2:9) 중풍병자에게 네 죄 사함을 받았느니라 하는 말과 일어나 네 상을 가지고 걸어가라 하는 말이 어느 것이 쉽겠느냐

오늘 우리가 살펴보고자 하는 마가복음 2장에는 복음을 향한 '믿음의 모험'과 '의식전환'의 절대성이 정의되었으며, 또한 복음의 시작과 함께 나타난 기존 세대의 종교적 반응과 새로운 세계를 지향하는 신세대적 영적 갈등이 제시되었다. 이러한 영적 충돌은 인류의 역사 속에 야기된 종교적, 정치적 충돌을 모두 포괄하고 있다.

마가복음 1장은 문둥병자의 이야기로 끝을 맺었다. 그의 불순종으로 오히려 복음사역은 훼방을 받게 되었다. 그와 맞물려서 마가복음 2장은 중풍병자의 이야기로 시작된다. 그러므로 우리는 중풍병자와 문둥병자가 시사하는 영적 의미를 대조할 필요가 있다.

우리가 다 아는 바와 같이 문둥병은 전염되는 반면, 중풍병은 전염되는 병이 아니다. 또한 문둥병자는 임의로 활동을 할 수 있지만 중풍병자는 혼자서는 움직일 수 없다. 그러므로 성경학자들은 문둥병을 원죄로 상징되며 중풍병은 일상의 죄에 사로잡힌 자로 회자한다.

미국의 어느 의사의 보고에 의하면 중풍병은 젊어서 짐승의 피나 날고기 등을 섭취하였던가 아니면 간음, 음행, 과도한 음주, 마약과 같

은 무질서한 생활을 한 사람들에게 많이 나타난다고 한다.

창조자 하나님은 택하신 이스라엘 백성에게 먹지 못할 짐승들을 율법으로 규정하셨다. 하나님께서 사람으로 먹지 못하게 금하신 것들은 우리 인체를 해치는 바이러스들이 있기 때문이다. 이와 같은 사실은 이미 현대의학에 의해서 증명되고 있다.

예를 들어 우리나라 사람들이 즐겨 먹는 돼지고기에는 인체에 치명적인 바이러스가 있다. 그래서 익히지 않은 돼지고기를 먹은 사람들 중에 바이러스가 뇌 속으로 들어가서 수술로도 완치하지 못하고 평생 불구자가 된 사람들이 있다. 그럼에도 정력에 좋다하여 야생 짐승들의 피를 먹는 사람들이 있다. 이들은 하나님을 믿든 안 믿든 나쁜 결과를 볼 것이다.

또한 성생활은 하나님께서 오직 부부에게만 허락하신 것인데, 음행과 간음, 동성연애를 행할 때 과도한 감정의 표출로 혈관 속에 이상 호르몬이 분비되어 면역력이 떨어질 때에 뇌혈관 장애를 일으킬 수 있다는 의학적 보고도 주목할 필요가 있다.

오늘 본문에서 예수님은 "저희의 믿음을 보시고 중풍병자에 이르시되 소자야 네 죄사함을 받았느니라"(5) 하셨다. 여기서 '저희'는 중풍병자를 포함하여 그를 메고 온 사람들이다. 또한 주께서 중풍병자를 향하여 "소자야 네 죄를 사함받았다" 하신 말씀 속에서 중풍병자는 이미 예수께서 하나님의 아들 메시아이심을 인지하고 있음을 알 수 있다.

그러므로 우리는 중풍병자와 같이 죄에 묶여서 스스로 구원자 예수 앞으로 나아갈 수 없는 사람들을 믿음으로 연합하여 그리스도의 교회로 인도해야 할 것이다. 그러나 주께서 중풍병자에게 "소자야 네 죄 사함을 받았느니라" 하셨을 때, 그 말을 들은 서기관들이 "이 사람이 어찌 이렇게 말하는가 오직 하나님 한 분 외에는 누가 능히 죄를 사하겠는가?"(6,7)하며 참담한 표정을 지었다.

이에 그들의 악한 마음을 아신 예수께서 그들을 향하여 "네 죄 사함을 받았다는 말과 일어나 네 상을 가지고 걸어가라는 말이 어느 것이 쉽겠느냐?" 반문하셨다. 여기서 '어느 것이 쉽겠느냐'라는 말은 '어느 것이 더 완전한 가'를 물으신 것이다.

오늘 중풍병자의 일은 요한복음 5장에 기록된 베데스다 연못의 38년 된 병자와 대조해 볼 필요가 있다. 예수님은 38년 된 병자에게 "네가 낫고자 하느냐" 물으시니, "병자가 대답하되 주여 물이 동할 때에 나를 못에 넣어 줄 사람이 없어 내가 가는 동안에 다른 사람이 먼저 내려가나이다"(요5:7) 대답하였다. 긴 병에 장사없다는 말이 있지만 움직일 수 없는 병자에게 도와줄 사람이 없다는 것은 참으로 안타까운 일이다.

주님은 그에게 "일어나 네 자리를 들고 걸어가라" 하시니 그는 곧 나아서 자리를 들고 걸어갔다. 38년 된 병에서 나음을 얻은 것이다. 그러나 예수님은 안식일에 성전에서 그를 보고 "더 심한 것이 생기지 않도록 죄를 짓지 말라" 경고하셨다. 그러므로 그는 중한 병에서는 나았지만 더 심한병을 유발할 수 있는 죄의 문제가 해결되지 않은 것이다.

오늘날에도 많은 사람들이 불치병을 고치고자 베데스다 연못을 찾고 있다. 그러나 중요한 것은 병을 고치는 데 있지 않다. 만약 병에서 고침을 받았다 해도 죄 사함을 받지 못하면 그는 더심한 것에 걸릴 수 있고 결국 사망으로 들어가기 때문이다. 그러므로 주께서 어느 것이 쉬우냐고 물으신 것이다.

그러나 누가 그 어떤 병이 들었더라도 믿음의 사람들과 함께 장애를 극복하고 구원의 복음을 듣기 위하여 예수님 앞에 나아갈 수 있다면 그는 영생의 복을 누리게 될 것이며, 그들이 극복한 믿음의 모험은 많은 사람들로 하나님께 영광을 돌리게 될 것이다.

오늘 이 말씀을 대하는 당신은 어떻게 생각하는가?
- 병 고침과 죄 사함 어느 것이 쉬운가?
- 당면한 문제만을 해결할 것인가?
- 문제의 근원을 완전히 해결하기를 원하는가?

사랑하는 주님! 나로 하여 당신의 이름을 의지해서 회개하게 하심을 감사드립니다. 그 은혜로 죄를 벗고 영생의 길로 들어 왔습니다. 나로 쉬운 길을 알게 하셨으니 어려운 길로 나아가지 않게 하옵소서. 예수님 이름으로 기도합니다. 아멘.

[핵심연구]
1. 문둥병과 중풍병의 차이점은 무엇인가?
2. 너의 믿음이 크다고 한 말씀은 무슨 뜻인가?
3. 중풍병자에게 소자라고 하신 배경은 무엇인가?
4. 어느 것이 쉬우냐 물으신 말씀의 배경을 설명하라.

의식의 혁명(Paradigm Shift)

(마가복음 2:21-22) 생베 조각을 낡은 옷에 붙이는 자가 없나니 만일 그렇게 하면 기운 새 것이 낡은 그것을 당기어 헤어짐이 더하게 되리라 새 포도주를 낡은 가죽 부대에 넣는 자가 없나니 만일 그렇게 하면 새 포도주가 부대를 터뜨려 포도주와 부대를 버리게 되리라 오직 새 포도주는 새 부대에 넣느니라

우리는 1장에서 복음의 시작과 함께 나타난 영적 세력들의 훼방을 살펴보았고, 2장에서 복음의 활동과 함께 나타난 기존 세대의 거부 반응과 새로운 세계를 지향하는 영적 갈등을 살펴보았다. 그러므로 두 세대 간에 영적 갈등을 극복하기 위해서는 무엇보다도 복음으로의 의식전환이 필요하다.

주님은 율법시대로부터 벗어나지 않으려는 기존 세대를 향해 새 천 조각과 헌 옷이 서로 조합하지 못하며, 새 포도주와 낡은 부대가 서로 화합하지 못하는 상반된 원리, 곧 '균형의 원리'와 '보전의 원리'를 함께 말씀하셨다.

'생베'란 아직 옷감으로 가공이 되지 않은 상태이며, 또한 낡은 옷은 옷으로써의 기능을 상실한 상태이다. 따라서 어떤 것이 서로 합하려 한다면 먼저 그 조직의 밀도가 같아야 균형을 이루게 된다. 설혹 같은 재질이라도 서로가 합하기 위해서는 조건적 조화를 갖추어야 한다. 그러므로 여기서 주님은 이미 낡은 옷에다 새 천을 깁는 시대는

지났음을 시사하신 것이다. 낡은 옷은 새 옷이 없을 때 입는 것이기 때문이다. 그러므로 이 말씀은 율법의 개혁은 의미없다는 뜻이다.

또한 '새 술'과 '새 부대'는 묵은 포도주와 새 포도주의 독특한 다른 속성 때문에 낡은 사고와 새로운 사고가 함께 공존할 수 없음을 말씀하신 것이다. 그러므로 주님은 베옷과 포도주 비유로서 율법과 복음의 함께 양립할 수 없는 상반된 영적 원리를 언급하신 것이다.

사도행전 15장에는 안디옥 교회에서 발생된 종교적 갈등이 소개되었다. 어느 날 예루살렘에서 온 믿는 유대인들이 안디옥 교회에 와서 모세의 할례를 받지 못하면 능히 구원을 얻지 못하리라고 주장했다.

그로 인하여 바울과 그들 사이에는 커다란 논쟁이 일어나 결국 이 문제는 예루살렘 지도자 회의에 상정되었고, 장시간 논쟁 끝에 베드로가 일어나 "형제들아 너희도 알거니와 하나님이 이방인들로 내 입에서 복음의 말씀을 들어 믿게 하시려고 오래 전부터 너희 가운데서 나를 택하셨다"(행15:7) 말하여 복음의 사도권을 주장하였다.

초대교회의 이러한 충돌이 일어난 것은 시대적으로 당연한 일이다. 우리 인간은 육체적 한계 속에 살며 제한된 공간과 시간 속에 살고 있기 때문에 기존의 지식과 삶의 철학을 뛰어넘으려면 새로운 인식에 대한 체험적 확신의 과정을 거쳐야만 한다.

사실 오랜 세월동안 모세의 '율법의 옷'을 입던 유대인들에게 '믿음으로 말미암은 의의 옷'으로 갈아입는 것은 쉽지 않은 일이다. 그 결과 그들은 낡은 옷을 새 천 조각으로 기워 보완하려 했던 것이다.

그러므로 이 사건은 미처 복음에 대한 합리적인 의식전환을 이루지 못한 유대인들이 '은혜의 복음'과 '모세의 율법'을 함께 조화시키려던 무모한 시도에서 시작된 것이다.

불행하게도 오늘날 많은 교회들이 마치 가톨릭 의식으로 회귀하려는 듯이 강단을 화려하게 꾸미고, 목사들은 제사장과 같은 옷을 걸치고 장신구까지 걸친다. 또한 각 교파별로 새로운 교리들을 하나씩 덧붙여 예수 그리스도의 복음을 누더기로 만들고 있다.

성경은 "애굽의 정신이 그 속에서 쇠약할 것이요 그 도모가 파하신바 되었다"(사9:3) 기록하였으며 "이전 것은 지나갔으니 보라 새것이 되었도다"(고후:17) 선포하였다. 그러므로 우리의 영적 지혜는 오직 복음의 진리를 발견하는 데 있어야 할 것이다.

사랑하는 예수님, 오늘 우리는 최고의 문명시대를 살고 있습니다. 그럼에도 교회는 옛것을 회복하려는 듯이 종교행사 속에서 여러 가지 치장을 합니다. 그 결과 성도들이 진리의 복음에서 벗어나 바리새인과 사두개인들의 사고를 갖게 됩니다. 진리의 성령으로 주의 성도들을 깨우쳐 주시옵소서. 예수님 이름으로 기도합니다. 아멘.

[핵심연구]
1. 생베 조각을 낡은 옷에 붙인다는 것은 무슨 뜻인가?
2. 새 포도주를 낡은 부대에 넣으면 어떤 현상이 일어나는가?
3. 나의 믿음은 무엇을 중요시 하는가? 의식인가, 진리인가?

복음의 혁명

(마가복음 3:13-15) 또 산에 오르사 자기의 원하는 자들을 부르시니 나아온지라 이에 열둘을 세우셨으니 이는 자기와 함께 있게 하시고 또 보내사 전도도 하며 귀신을 내어 쫓는 권세도 있게 하려 하심이러라

열왕기하 2장에는 엘리야 시대가 마감되고 엘리사의 새로운 시대가 소개되고 있다. 엘리사의 사역은 여리고 성의 수질을 바꾸는 일로 시작된다. 그 성 사람들이 나아와 이 성은 터가 아름다우나 물이 좋지 않아서 열매를 맺지 못한다고 청원하였기 때문이다.

엘리사는 그들에게 새 그릇에 소금을 담아 오라 명한 후 물의 근원으로 가서 소금을 던지며 "여호와께서 이 물을 고치셨다" 선언하였다. 이와 같이 복음의 혁명은 새 그릇을 준비하는 단순한 원리로 시작되었다.

예수님은 예정하신 복음의 시대를 열기 위하여 자기가 원하는 사람들 중 열둘을 사도로 세우셨다. 이스라엘에 있어 열둘이란 개념은 창조로부터 낮과 밤과 연월을 나누신 하나님의 통치 질서이며, 또한 이스라엘의 열두 지파와 관련하여 생각할 때, 열두 사도는 하나님의 예정 섭리 가운데 세워진 예수 그리스도의 복음적 주권이다.

예수님은 열두 사도를 세우신 목적에 대하여 먼저 "자기와 함께 있게 하시고"라고 하셨다. 여기서 '함께 있다'는 것은 공동체의 가장 기

초적인 토대로서 모든 것을 함께 공유한다는 의미가 있다. 따라서 함께 거한다는 것은 그의 말씀과 그의 계획과 함께 공존한다는 뜻이다.

또한 주께서 사도 열둘을 세우신 두 번째 목적은 '보내기 위함'이었다. 이는 '사도'라는 말의 어원이기도 하다. 그러므로 히브리서 기자는 예수님을 가리켜 "우리의 믿는 도리의 사도시며 대제사장"(히3:1)이라 칭하였으며, 예수께서도 "아버지께서 나를 보내신 것 같이 나도 너희를 세상에 보내었다"(요17:18) 말씀하셨다.

예수님은 열두 사도를 보내시며 두 가지 사명, 곧 '전도'와 '귀신을 내어 쫓는 권세'를 주셨다. 예수께서도 "내가 온 것은 전도를 위함"(막1:38)이라 말씀하셨듯이 사도들의 첫 번째 임무는 그리스도의 복음을 전하는 것이다. 우선 순위가 바뀌면 안된다.

최근 많은 사역자들이 치유목회를 말하며 마치 복음의 목적이 병을 고치며 귀신을 쫓는 일에 있는 것처럼 말하고 있다. 그만큼 우리가 사는 세상이 귀신과 질병에 신음하고 있다는 증거이기도 하다. 그러나 복음사역의 목적은 전도이며 우리가 복음을 전할 때 그를 방해하는 귀신의 세력을 쫓을 수 있는 권세가 나타나는 것이다.

여기서 주님은 '귀신을 내어 쫓는 능력을 주셨다' 하지 않고 '권세도 있게 하려 함'이라고 하셨다. 이 말씀은 귀신을 내어 쫓는 능력이 주님께 속한 주권적 권세임을 의미한다. 그럼에도 오늘날 많은 사람들이 귀신을 쫓는 능력이 마치 자기에게 있는 것처럼 말하고 있지만 그런 자들을 향해서 주님은 "내가 너희를 알지 못하니 불법을 행하는 자들아 내게서 떠나라" 하셨다(마7:29).

예수님은 열두 제자를 사도로 세우시며 "시몬에게는 베드로란 이름을 더하셨고 또 세베대의 아들 야고보와 야고보의 형제 요한에게는 보아너게 곧 우뢰의 아들이란 이름을 더하셨다"(17). 여기서 우리는 주께서 '이름을 바꾸셨다'가 아니라 '이름을 더하셨다'는 말씀에 주목해야 할 것이다.

우리가 이름을 개명한다는 것은 '인격의 갱신'의 의미를 부여하지만 이름을 더했다는 것은 어떤 사명을 위하여 그에게 '부족한 것을 채우셨다'고 볼 수 있다. 그러므로 이것은 '인격의 보완'이라고 할 수 있다. 다시 말해 사람이 할 수 없는 일을 할 수 있게 하신 것이다. 따라서 이름을 더하신 것은 복음 사역자의 인격적 혁명을 요구한 것이다.

사랑하는 주님! 주의 거룩하시고 광대한 계획을 송축합니다. 복음의 시대를 완성하기 위해 친히 사도들을 택하시고 주께서 십자가에서 세우신 교회를 맡기셨으니 그 은혜가 오늘에까지 미쳤습니다. 부족한 종이 복음을 위해 부름을 받았사오니 주께서 주신 권능으로 사명을 다하게 하소서. 예수님 이름으로 기도드립니다. 아멘

[핵심연구]
1. 사도란 뜻은 무엇인가?
2. 사도를 세우신 목적은 무엇인가?
3. 사도에게 주신 권세는 무엇인가?
4. 부름을 받은 당신도 사도의 사명이 있는가?

성령을 훼방하는 죄

(마가복음 3:28,29) 내가 진실로 너희에게 이르노니 사람의 모든 죄와 무릇 훼방하는 훼방은 사하심을 얻되 누구든지 성령을 훼방하는 자는 사하심을 영원히 얻지 못하고 영원한 죄에 처하느니라 하시니

예수께서 제자 열둘을 부르시고 친히 사도로 세우셨다. 복음사역을 이끌고 나갈 핵심 주체들을 세우신 것이다. 누가는 예수께서 열두 제자를 부르시기 위하여 밤이 새도록 기도하셨다고 기록하였다(눅 6:12).

그럼에도 주께서 밤을 새워 기도로써 택하신 제자 중에서도 배반한 자가 있었다는 것을 생각할 때 인간이 얼마나 악한가를 알 수 있다. 그러나 예수를 배신한 자 가룟 유다는 주께서 잘못 택하신 것이 아니라, 주님은 그는 성경이 기록한 대로 갔다고 말씀하셨다. 이는 성경의 예언을 따라 그가 스스로 그 길을 선택하였다는 말씀이다.

마가복음 3장 서두에 기록된 것과 같이 예수께서 가버나움 회당에서 안식일에 손 마른 사람을 고치시자 바리새인들과 헤롯당원들이 모의하여 예수를 어떻게 죽일까 논의하기 시작했다.

할 수 없이 예수님은 제자들을 데리고 바닷가로 나가시니 갈릴리 사람들이 따르기 시작했고 소문은 갈수록 크게 번져 유다와 예루살렘과 이두매와 요단강 건너편과 두로와 시돈에서 사람들이 몰려들어

식사할 겨를도 없었다(20).

일이 이렇게 되자 유대인의 종교 지도자들은 예수님께서 행하신 기적에 대한 종교적 정의를 내리지 않을 수 없었다. 그들은 곧바로 예루살렘 공회를 소집하고 '나사렛 예수는 귀신의 왕 바알세불에 잡힌 괴수'라고 결의하였다.

여기서 '바알세불'이란 귀신의 왕 똥파리를 뜻한다. 그들에게 이보다 더 좋은 결의는 없었을 것이다. 하나님의 백성들에게 있어 귀신의 존재는 영원히 멸망받은 존재였기 때문이다.

예수님은 그들의 이러한 주장에 대하여 "사단이 어찌 사단을 쫓아낼 수 있느냐 만일 나라가 스스로 분쟁하면 그 나라가 설 수 없고 만일 집이 스스로 분쟁하면 그 집이 설 수 없고 만일 사단이 자기를 거스려 일어나 분쟁하면 설 수 없고 망하느니라"(23-25) 경고하셨다.

이 말씀은 영적 세계에도 권위와 지배 권세가 존재함을 언급하신 것으로 오늘날 복음의 계승자들인 목사들에게도 중대한 경고의 메시지이다. 갈수록 예수 그리스도의 지체인 교회들이 분열되어 서로 분쟁하기 때문이다.

그러므로 예수님은 하나님의 아들 그리스도의 사역을 귀신의 역사로 정의하는 서기관들을 향하여 "내가 진실로 너희에게 이르노니 사람의 모든 죄와 무릇 훼방하는 훼방은 사하심을 얻되 누구든지 성령을 훼방하는 자는 사하심을 영원히 얻지 못하고 영원한 죄에 처하느니라"(28,29) 선언하셨다.

어떤 목사들은 이 말씀을 들어 목사를 비판하던가, 반대하는 사람들에게 성령 훼방의 올가미를 씌우기도 한다. 그러나 그것은 성령의 훼방이 아니다.

예수님은 "누구든지 말로 인자를 거역하면 사하심을 얻되 누구든지 말로 성령을 거역하면 이 세상과 오는 세상에도 사하심을 얻지 못하리라"(마 12:32) 말씀하셨다. 그러나 이 말씀은 주를 거역해도 된다는 말씀이 아니라 예수님의 개인적인 삶과 하나님 아버지의 복음사역의 주권적 권위는 엄중하게 다른 것을 말씀하신 것이다.

성경에서 말하는 성령의 훼방(모독)이란 하나님의 뜻과 그의 인도하심을 거역하는 것을 뜻한다. 우리가 성령의 인도하심을 받아서 예수 그리스도를 구원의 주로 믿게 되는 것인데 스스로 성령의 인도하심을 거역한다면 그는 결국 예수 그리스도를 영접하지 못함으로 이 세상에서도 오는 세상에서도 구원을 받을 수 없기 때문이다.

예수님은 "내가 하나님의 성령을 힘입어 귀신을 쫓아내는 것이면 하나님의 나라가 이미 너희에게 임하였느니라"(마12:28) 말씀하신 바 있다. 이는 주께서 귀신을 쫓아내는 것은 개인의 능력이 아니라 성령의 권능으로 하신 것임을 말씀하신 것이다.

오늘날에도 두 주먹을 불끈 쥐고 '예수를 믿느니 내 주먹을 믿는다' 말하는 사람들이 있으며, 어떤 사람들은 악심을 갖고 예수님의 하신 일들이 모두 거짓이며, 성령의 잉태하심이 아닌 사생아라고 저주를 퍼붓는 사람들도 있다. 그러나 그는 자기의 말에 대한 책임을 져야 할 날이 곧 임할 것이다.

예수께서 이미 "내가 너희에게 이르노니 사람이 무슨 무익한 말을 하든지 심판날에 이에 대하여 심문을 받으리니 네 말로 의롭다 함을 받고 네 말로 정죄함을 받으리라"(마12:36,37) 말씀하셨기 때문이다. 그러므로 우리는 말이나 일에 있어서 무엇을 하든지 성령의 인도하심을 받는 삶을 살아야 할 것이다.

사랑하는 주님! 우리로 성령의 인도하심을 받게 하심을 감사드립니다. 이것은 주께서 창세 전부터 우리로 예수 그리스도 안에 예정하신 은혜입니다. 우리로 성령으로 충만케 하소서. 예수님 이름으로 기도드립니다. 아멘.

[핵심연구]
1. 바리새인들은 예수를 어떻게 말하였는가?
2. 바알세불이란 무슨 뜻인가?
3. 성령의 훼방에 대하여 설명하라!

들을 귀가 있느냐

(막 4:23) 들을 귀 있는 자는 들으라 또 가라사대 너희가 무엇을 듣는가 스스로 삼가라 너희의 헤아리는 그 헤아림으로 너희가 헤아림을 받을 것이요 또 더 받으리니

오늘 우리가 함께 살펴보고자 하는 마가복음 4장의 주제는 이 땅에 성취될 하나님 나라의 토대가 되는 복음의 비밀에 관한 것이다. 예수님께서는 씨 뿌리는 비유를 통하여 사람들 속에 나타나는 복음의 반응과 복음의 성질 그리고 복음의 성장 속성과 단계를 설명하신 후, 이 모든 과정은 성도의 실제생활을 지키는 믿음을 생성하는 열쇠임을 환기시키셨다.

여기서 '비유'라고 말씀하신 헬라어 '파라볼레'는 어떤 것을 설명하기 위해 그 옆에 나란히 놓은 물건과도 같다. 또한 '배가 항구에 도착하다'와 같이 그 목적이 다 이루어졌다는 뜻이기도 하다. 따라서 비유는 서로 유사한 것일 수도 있고 서로 상반된 것일 수도 있다.

흥미롭게도 예수님은 본문 9절과 23절에서 두 번이나 '들을 귀 있는 자들은 들으라' 말씀하시며 씨 뿌리는 비유를 가리켜 '천국의 비밀'이라 말씀하셨다. 또한 주님은 제자들을 향하여 '너희가 이 비유를 알지 못할진대 어떻게 모든 비유를 알겠느냐' 말씀하셨다. 이로써 우리는 오늘 살펴보는 이 말씀이 얼마나 중요한 것인지를 짐작할 수 있다.

천국의 비밀을 공부함에 있어 우리는 마가복음 4장과 마태복음 13장 그리고 누가복음 8장을 함께 살펴보아야 한다. 복음서의 다른 부분도 마찬가지이지만 특별히 씨 뿌리는 비유에 대한 말씀은 서로 대조하며 주의 깊게 살펴 보고 각 저자들을 통해서 전달되는 메시지 속에 녹아 있는 복음의 비밀을 음미하여야 한다.

마가는 2절에서 "예수께서 여러 가지를 비유로 가르치셨다"고 주석을 달았다. '비유로 가르치셨다'는 것은 '비유를 배워야 한다'는 뜻이다. 예수님께서도 종말의 때를 말씀하시며 "무화과나무의 비유를 배우라"(막13:28) 하셨다. 그러므로 천국의 비밀을 충분히 이해하기 위해서는 반드시 '비유'의 말씀을 배워야 할 것이다.

흥미롭게도 성경의 비유는 그 속에 문제와 답을 함께 내포하고 있다. 그러므로 우리가 비유를 살필 때 주의해야 할 것은 단어의 어원과 말의 구조 뿐이 아니라 비유가 보여 주고 있는 그림에 관심을 가져야 한다.

수많은 사람들이 몰려들자 예수님은 배를 띄워 앉아서 말씀하셨다; "들으라 씨를 뿌리는 자가 뿌리러 나가서 뿌릴 새 더러는 길가에 떨어지매 새들이 와서 먹어 버렸고 더러는 흙이 얇은 돌 밭에 떨어지매 흙이 깊지 아니하므로 곧 싹이 나오나 해가 돋은 후에 타져서 뿌리가 없으므로 말랐고 더러는 가시떨기에 떨어지매 가시가 자라 기운을 막으므로 결실치 못하였고 더러는 좋은 땅에 떨어지매 자라 무성하여 결실하였으니 삼십 배 육십 배와 백배가 되었느니라"(3-8).

이때 예수님은 씨 뿌리는 자의 비유를 듣는 사람들을 향하여 "들을 귀 있는 자는 들으라" 하셨다. 마태는 이 부분을 "귀 있는 자는 들으라" 기록하였다. 어떤 사람들에게는 '너희가 내 말을 들을 귀가 있느냐'라고 들릴 수 있겠지만 여기서 주님은 하나님의 말씀을 듣고자 하는 사람을 찾고 계신 것이다.

사실 예수님 앞에 몰려온 수많은 사람들은 예수께서 오늘은 어떤 기적을 일으키실까 하는 호기심에 바쁜 일손을 내던지고 몰려들었을 것이다. 그동안 예수께서 가는 곳곳마다 엄청난 이적을 행하셨기 때문이다. 그런데 정작 주님의 입에서 나온 말씀은 농사꾼의 씨 뿌리는 비유였다. 아무리 고기잡이로 먹고사는 갈릴리 사람들이라도 그 정도의 상식은 삼척동자도 아는 내용이다. 결국 대부분의 사람들은 투덜대며 발길을 돌렸다.

오늘 이 말씀을 듣는 당신은 어떠한가? 교회에서 무엇을 듣기를 원하는가? 당신은 목사의 설교를 들으러 교회에 가는가, 예수님의 가르침을 원하는가? 만약 당신이 성경의 말씀을 듣기보다 유명한 목사의 재미있는 설교를 듣기 원한다면 당신은 들을 귀가 없는 것이다. 부디 씨 뿌리는 비유의 말씀을 귀담아듣기를 당부한다.

사랑하는 예수님! 나에게 들을 귀를 주셔서 감사합니다. 복음의 비밀한 지식을 더욱 깨닫게 하소서. 예수님 이름으로 기도합니다. 아멘.

[핵심연구]
1. 씨 뿌리는 비유는 왜 중요한가?
2. 비유는 무슨 뜻인가?
3. 비유를 깨닫기 위해서는 무엇이 중요한가?

천국의 비밀

(마가복음 4:11.12) 이르시되 하나님 나라의 비밀을 너희에게는 주었으나 외인에게는 모든 것을 비유로 하나니 이는 저희로 보기는 보아도 알지 못하며 듣기는 들어도 깨닫지 못하게 하여 돌이켜 죄 사함을 얻지 못하게 하려 함이니라 하시고

주께서 씨 뿌리는 비유를 말씀하시자 이적을 바라던 사람들이 하나둘씩 떠나가고 주를 따르는 사람들과 열두 제자들만 남아서 비유의 뜻을 물었다. 주님은 그들에게 "하나님 나라의 비밀은 너희에게는 주었으나 외인에게는 모든 것을 비유로 한다"(11) 말씀하셨다. 아마 오늘날 같으면 차별 논란으로 매스컴을 흔들었을 것이다.

여기서 '비밀'(musterion) 이란 신비 속에 감추어진 계시를 의미하는 것이 아니라 누구든지 예수 그리스도 앞에 나오면 자연스럽게 알 수 있는 베일에 가린 것을 뜻한다. 누구나 예수를 믿으면 나사렛 예수께서 동정녀 마리아에게 성령으로 잉태되신 하나님의 아들이심을 알게 되는 것처럼 말이다.

계속하여 주님은 제자들에게 "너희가 이 비유를 알지 못할진대 어떻게 모든 비유를 알겠느냐" 하시며 씨 뿌리는 비유의 중요성을 피력하셨다. 따라서 오늘 우리가 살펴보는 씨 뿌리는 비유는 성경의 모든 비유를 해석하는 근간이 되는 것임을 염두에 두어야 할 것이다.

또한 주님은 비유로 가르쳐야 하는 이유에 대하여 "이는 저희로 보기는 보아도 알지 못하며 듣기는 들어도 깨닫지 못하게 하여 돌이켜 죄 사함을 얻지 못하게 하려 함이니라" 말씀하셨다.

사실 이 말씀은 이사야 6장에서 이사야가 소명을 받을 때 받은 말씀으로 이사야로 미리하신 말씀이 오늘 예수님에 의해 성취되었다. 다시 말하여 천국의 비밀은 하나님의 예정하신 경륜 가운데 있음을 말씀하신 것이다. 그러므로 바울은 "그 뜻의 비밀을 우리에게 알리셨으니 곧 그 기쁘심을 따라 그리스도 안에서 때가 찬 경륜을 위하여 예정하신 것이라"(엡1:9) 증거하였다.

예수님은 제자들에게 "뿌리는 자는 말씀을 뿌리는 것이라"(14) 말씀하셨다. 여기서 주님은 하나님의 말씀을 맡은 자의 사명을 언급하신 것으로 먼저는 예수님이시고 사도들이며 오늘날 복음사역에 헌신된 우리 모두가 포함된 말씀이다.

또한 마태는 "예수께서 말씀하시되 좋은 씨를 뿌리는 이는 인자요 밭은 세상이요 좋은 씨는 천국의 아들들이요 가라지는 악한 자의 아들들이요"(마13:37,38)라고 기록하였다. 이는 하나님이신 말씀과의 관계성을 언급하신 것이다. 이로써 우리는 이 세상에는 하나님의 아들들과 악한 자, 곧 사단의 아들들이 있음을 알 수 있다.

다시 말하면 문선명의 말을 들으면 문선명이 되고, 이만희의 말을 들으면 이만희가 되고, 부처의 말을 들으면 부처가 되듯이 말씀의 본체이신 예수님의 말씀을 들으면 천국의 아들이 된다는 말씀이다.

그러므로 주께서 "들을 귀 있는 자는 들으라"(9, 23) 하신 말씀은 폭탄과 같은 선언인 것이다. 다시 말하여 "너는 지금 무엇을 듣고 있느냐 천국의 아들이 될 준비가 되어 있느냐" 물으신 것이다.

사도 요한은 예수 그리스도를 소개하며 "태초에 말씀이 계시니라 이 말씀이 하나님과 함께 계셨으니 이 말씀은 곧 하나님이시니라"(요 1:1) 증거하였고, "말씀이 육신이 되어 우리 가운데 거하시매 우리가 그 영광을 보니 아버지의 독생자의 영광이요 은혜와 진리가 충만하더라"(요1:14) 기록하였다. 그러므로 천국의 비밀의 핵심은 말씀이며, 곧 예수 그리스도이시다.

사랑하는 예수님, 나를 제자로 부르셔서 하나님 나라의 비밀을 알게 하심을 감사드립니다. 내 앞에 주의 말씀이 계시오니 거룩하신 말씀으로 나를 온전케 하옵소서. 예수님 이름으로 기도드립니다. 아멘.

[핵심연구]
1. 천국의 비밀은 누구에게 주었는가?
2. 이사야가 깨달은 것은 무엇인가?
3. 여기서 비밀이란 무엇인가?

씨 뿌리는 비유

(마가복음 4:13) 또 가라사대 너희가 이 비유를 알지 못할진대 어떻게 모든 비유를 알겠느뇨

주님은 씨 뿌리는 비유를 말씀 하시며 "뿌리는 자는 말씀을 뿌리는 것이라"(14) 하셨다. 여기서 주님은 자신이 말씀의 주관자이심을 언급하신 것이다. 그 출발점은 말씀이 육신으로 오신 예수님이시고 그 다음은 주께서 택하시고 보내신 사도들이며 오늘날 복음사역에 헌신된 우리 모두를 포함한 말씀이다.

계속하여 주님은 "말씀이 길가에 뿌리웠다는 것은 이들이니 곧 말씀을 들었을 때에 사탄이 즉시 와서 저희에게 뿌리운 말씀을 빼앗는 것이요"(15)라고 말씀하셨다.

흥미롭게도 이 말씀에 대하여 마태는 "아무나 천국 말씀을 듣고 깨닫지 못할 때는 악한 자가 와서 그 마음에 뿌리운 것을 빼앗나니 이는 길가에 뿌리운 자요"(마13:19)라고 기록하였으며, 누가는 "길가에 있다는 것은 말씀을 들은 자니 이에 마귀가 와서 그들로 믿어 구원을 얻지 못하게 하려고 말씀을 그 마음에서 빼앗는 것이요"(눅8:12)라고 기록하였다. 동일한 말씀인데 서로 조금씩 다른 표현이 있다.

이를 두고 어떤 사람들은 누구의 기록이 진짜 주께서 하신 말씀이냐

를 가리는데 시간을 허비하려 하지만 이는 의미 없는 일이다. 이 말씀들은 모두 동일한 해석으로 성경을 기록한 저자들이 관점의 비중을 어디에 두었느냐에 따라 그 적용이 달라진 것이다.

다시 말하여 마가는 말씀과 사탄의 대적 관계에 비중을 둔 것이며, 마태는 말씀의 깨달음에 비중을 두었고, 누가는 말씀의 목적, 곧 구원에 초점을 맞춘 것이다. 이와 같이 하나님의 말씀은 해석의 불변성 속에서 상황을 따라 달리 적용될 수 있다.

흥미로운 것은 비유 속에 언급된 네 부류의 사람들은 모두 말씀을 들은 사람들로서 어쩌면 오늘날 우리와 같이 교회를 다니는 사람들이라고 볼 수 있다. 그러므로 길가에 있는 사람은 당신일 수도 있고 돌밭에 있는 사람은 나일 수도 있다.

주님은 우리에게 말씀을 듣는 네 부류의 사람들이 말씀을 대하는 태도에 대하여 말씀하신 것이다. 따라서 씨 뿌리는 비유는 깊은 사고와 이해가 필요한 부분이다.

예수님은 본문 말미에서 "저가 밤낮 자고 깨는 중에 씨가 나서 자라되 그 어떻게 된 것을 알지 못하느니라"(막4:27) 하셨다. 이 말씀은 사람들 가운데 역사하는 복음의 원리를 말씀하신 것으로 땅에 뿌려진 씨는 사람의 의지와 관계없이 스스로 자라는 속성이 있음을 말씀하신 것이다.

그러므로 이 말씀은 부르심 가운데 역사하는 하나님의 비밀하신 복음의 경륜을 언급하신 것으로 만약 이러한 원리가 없다면 엘리 제사장 밑에서 사무엘과 같은 위대한 지도자가 나올 수 없었을 것이며, 또한 계시록에 기록된 여섯 교회들이 각기 다른 길로 나아갔어도, 오직 복음에 헌신한 제자들은 아직까지 우리 중에 남아 있는 것이다.

계속하여 주님은 "땅이 스스로 열매를 맺되 처음에는 싹이요 다음에는 이삭이요 그 다음에는 이삭에 충실한 곡식이라 열매가 익으면 곧 낫을 대나니 이는 추수 때가 이르렀음이니라"(막 4:28,29) 말씀하셨다. 이 말씀은 복음을 듣는 사람들의 영적 성장 과정을 설명하신 것으로 소년기를 거치지 않고 청년이 될 수 없는 원리와도 같다. 다시 말하여 비행기 안에서 뛴다고 더 빨리 갈 수는 없듯이 복음의 열매는 오직 하나님의 섭리와 경륜 가운데 있음을 말씀하신 것이다.

마태는 "밭은 세상이요 좋은 씨는 천국의 아들들이요 가라지는 악한 자의 아들이요 가라지를 심은 원수는 마귀요 추수 때는 세상 끝이라"(마13:38-39)기록하였다. 여기서 우리가 기억해야 할 것은 좋은 씨가 무엇인가에 관한 것이다. 또한 원수가 뿌리고 간 가라지에 대하여도 깊이 생각해야 할 것이다.

사랑하는 주님, 예수의 이름으로 쏟아지는 설교의 홍수 속에서 주의 성도들을 지켜 주시옵소서. 예수님 이름으로 기도드립니다. 아멘.

[핵심연구]
1. 비유란 무슨 뜻인가?
2. 사탄, 악한 자, 마귀는 모두 무엇을 비유한 것인가?
3. 말씀을 받아들이지 않을 때 어떤 현상이 나타나는가?
4. 나는 네 부류 중 어디에 속한 사람인가?

말씀과 사탄

(마가복음 4:14,15) 뿌리는 자는 말씀을 뿌리는 것이라 말씀이 길가에 뿌려졌다는 것은 이들을 가리킴이니 곧 말씀을 들었을 때에 사탄이 즉시 와서 그들에게 뿌려진 말씀을 빼앗는 것이요

오늘 우리가 살펴볼 말씀은 마가복음 4장의 두 번째 문단으로, 10절부터 20절까지이다. 이 부분은 첫 문단에서 말씀하신 비유의 해석 부분으로 비유는 성경적 해석의 원칙, 곧 '최초 사용법' 원칙과 '해석의 불변성' 원칙을 따라야 바르게 해석할 수 있다.

주님은 "말씀이 길가에 뿌리웠다는 것은 이들이니 곧 말씀을 들었을 때에 사탄이 즉시 와서 저희에게 뿌리운 말씀을 빼앗는 것이요"(15)라고 말씀하셨다.

흥미롭게도 이 말씀에 대하여 마태는 "아무나 천국 말씀을 듣고 깨닫지 못할 때는 악한 자가 와서 그 마음에 뿌리운 것을 빼앗나니 이는 길가에 뿌리운 자요"(마13:19) 라고 기록하였으며, 누가는 동일한 내용을 "길가에 있다는 것은 말씀을 들은 자니 이에 마귀가 와서 그들로 믿어 구원을 얻지 못하게 하려고 말씀을 그 마음에서 빼앗는 것이요"(눅8:12)라고 기록하였다.

다시 말하여, 마가는 길가에 뿌려진 씨를 먹어 버린 '새'를 해석하여 '사탄'이라 기록하였고, 마태는 '악한 자' 누가는 '마귀'라 기록한 것

이다. 따라서 성경에서 '새'에 대한 신학적 해석을 할 때는 복음서 저자들의 기록을 따라 사탄, 악한 자, 마귀를 동의어로 보아야 한다. 우리는 이러한 해석적 일관성을 계시록에서 볼 수 있다.

사도 요한은 "큰 용이 내어 쫓기니 옛 뱀 곧 마귀라고도 하고 사탄이라고도 하는 온 천하를 꾀는 자라 땅으로 내어 쫓기니 그의 사자들도 저와 함께 내어 쫓기니라"(계12:9) 기록하였다. 여기서도 '공중의 새'와 '용'과 '뱀'은 '사탄'과 '마귀' 그리고 '악한 자'를 지칭하는 동의어로 사용되었음을 알 수 있다.

두 번째, 돌밭에 뿌려진 씨에 대하여 예수님은 "또 이와 같이 돌밭에 뿌려졌다는 것은 이들이니 곧 말씀을 들을 때에 즉시 기쁨으로 받으나 그 속에 뿌리가 없어 잠깐 견디다가 말씀을 인하여 환난이나 핍박이 일어나는 때에 곧 넘어지는 자요"(16,17)라고 말씀하셨다.

여기서도 마가와 마태는 말씀을 듣는 사람들에게 '환난과 핍박'의 때가 임할 것을 암시하였고, 누가는 '뿌리가 없어 잠깐 믿다가 시험 받을 때에 배반하는 자라' 기록하여, 믿는 자들에게 '믿음의 시험'은 필연적인 것임을 암시하였다. 따라서 이 말씀은 하나님의 말씀이 우리 안에 숙성되기까지는 내적인 갈등과 외적인 유혹이 따를 것을 언급하신 것이다.

세 번째로 주님은 "또 어떤 이는 가시떨기에 뿌려진 자니 이들은 말씀을 듣되 세상의 염려와 재리의 유혹과 기타 욕심이 들어와 말씀을 막아 결실치 못하게 되는 자요"(18,19) 라고 말씀하셨다. 어쩌면 이들은 앞에서 언급된 길가의 단계와 돌밭의 단계를 모두 통과한 사람들일 수 있다. 이들은 믿음의 시련을 극복하고 나름대로 신자의 생활을 하는 사람들이다.

그러나 먹고 살아가는 문제들 속에서 재물의 매력과 세상의 향락들은 늘 우리의 마음을 유혹하고 있으며 사탄은 우리에게 세상과 적당히 타협하면서 살기를 종용한다. 솔직한 이야기로 이러한 유혹을 뿌리칠 수 있는 사람이라면 그는 정말 대단한 믿음의 소유자이다.

그러므로 베드로 사도는 "근신하라 깨어라 너희 대적 마귀가 우는 사자 같이 두루 다니며 삼킬 자를 찾나니 너희는 믿음을 굳게 하여 저를 대적하라"(벧전5:8,9) 증거하였다.

네 번째 비유에서 예수님은 "좋은 땅에 뿌려졌다는 것은 곧 말씀을 듣고 받아 삼십 배와 육십 배와 백 배의 결실을 하는 자니라"(막4:20) 말씀하셨다. 이에 대해 마태는 "좋은 땅에 뿌려졌다는 것은 말씀을 듣고 깨달은 자라"(마13:23) 기록하였고, 누가는 "좋은 땅에 있다는 것은 착하고 좋은 마음으로 말씀을 듣고 지키어 인내로 결실을 하는자라"(눅8:15) 기록하였다.

얼핏 보면 마가, 마태, 누가의 해석이 서로 상반된 것 같지만 세 사람은 모두 '좋은 땅' 곧 하나님을 믿는 신실한 자로서 말씀과의 성실한 관계를 가진 사람들이다.

이와 같이 복음서 기록이 서로 다른 것은 마가는 말씀의 소유에 비중을 두었고, 마태는 깨달음에 비중을 두었으며, 누가는 선한 마음과 인내에 비중을 둔 것으로 여기서 우리가 상기해야 할 것은 위에서 언급된 네 부류의 사람들은 모두 '말씀과 깊은 관계를 가진 사람들'이라는 것이다. 다시 말하여 하나님의 말씀은 믿지 않는 자들에게 주신 것이 아니라 복음을 믿는 그리스도의 사람들에게 주신 것이다.

주님은 "이 소자 중에 하나라도 잃어지는 것은 하늘에 계신 너희 아버지의 뜻이 아니니라"(마 18:14) 말씀하셨다. 그러므로 주님은 하나님의 자녀인 우리들이 성경의 말씀 안에서 온전히 성장하기를 요구하신 것이다.

사랑하는 주님, 오늘 이 말씀을 통하여 우리 교회의 역할을 생각하게 됩니다. 오늘 비유로 말씀하신 네 부류의 사람들은 모두 주를 믿는 우리 성도들의 믿음의 상태입니다. 그러므로 가장 중요한 것은 교회가 무엇을 전하느냐에 있습니다. 우리로 오직 하나님의 말씀을 뿌리는 자가 되게 하소서. 예수님 이름으로 기도 드립니다. 아멘.

[핵심연구]
1. 공중의 새는 누구인가?
2. 길가에 있는 사람들은 어떤 상태인가?
3. 돌밭에 있는 사람들은 어떤 상태인가?
4. 가시떨기에 있는 사람들은 어떤 사람들인가?
5. 좋은 땅의 사람들은 어떤 사람들인가?

무엇을 듣는가 스스로 삼가라

(마가복음 4:23-25) 들을 귀 있는 자는 들으라 또 가라사대 너희가 무엇을 듣는가 스스로 삼가라 너희의 헤아리는 그 헤아림으로 너희가 헤아림을 받을 것이요 또 더 받으리니 있는 자는 받을 것이요 없는 자는 그 있는 것까지 빼앗기리라

예수님은 씨 뿌리는 네 가지 비유에 대한 해석을 하신 후에 "또 저희에게 이르시되 사람이 등불을 가져오는 것은 말 아래나 평상 아래에 두려 함이냐 등경 위에 두려 함이 아니냐"(21) 말씀하셨다.

누가는 이 말씀에 대하여 "누구든지 등불을 켜서 그릇으로 덮거나 평상 아래 두지 아니하고 등경 위에 두나니 이는 들어가는 자들로 그 빛을 보게 하려 함이라"(눅8:16) 기록하였다.

이 세상에 등불을 그릇으로 씌우든가 침대 밑에 두는 사람은 없을 것이다. 그러므로 이 말씀의 핵심은 집안을 밝힐 등불이 중요한가, 멋진 등경이 중요한가에 있다. 다시 말하여 등불의 역할이 무엇인가에 있다.

예수님은 세례요한을 가리켜 "요한은 켜서 비취는 등불이라 너희가 일시 그 빛에 즐거이 있기를 원하였거니와"(요5:35)라고 말씀하셨다. 또한 사도 요한도 세례 요한을 말하여 "저가 증거하러 왔으니 곧 빛에 대하여 증거하고 모든 사람으로 자기를 인하여 믿게 하려 함이

라 그는 이 빛이 아니요 이 빛에 대하여 증거하러 온 자라"(요 1:7,8) 증거하였다. 그러므로 주님은 우리에게 교회 안의 등불, 곧 목사들의 역할을 말씀하신 것이다.

그럼에도 오늘날 교회 안에서 세상을 밝히는 생명의 빛, 곧 하나님의 말씀을 가르치는 일보다 자기의 등불을 밝히기 위해 등경을 아름답게 꾸미는 목사들이 있다. 그러나 그들은 그리스도의 빛이 아니다. 자기를 나타내는 적그리스도의 영들이다.

예수님은 등불을 말씀하시면서 "들을 귀 있는 자들은 들으라"(23) 말씀하셨다. 이미 9절에서 '씨 뿌리는 비유'를 말씀하실 때 언급 하셨는데 여기서 다시 말씀하신 것이다. 그러나 두 단락을 살펴볼 때 말씀하신 대상이 서로 다른 것을 알 수 있다. 전자는 말씀을 듣는 자들을 향한 것이고, 후자는 교회의 등불, 곧 말씀을 가르치는 자들을 향하신 말씀인 것이다.

계속하여 예수님은 그들을 향하여 "너희가 무엇을 듣는가 스스로 삼가라"(막4:24) 하셨다. 그러나 누가는 동일한 말씀에서 "그러므로 너희가 어떻게 듣는가 스스로 삼가라"(눅8:18) 기록하였다. 다시 말하여 마가는 '입력'(Input)에 비중을 두었고, 누가는 '적용'(Application)에 비중을 둔 것이다.

그러므로 주께서 "들을 귀 있는 자는 들으라"(23)하신 말씀은 하나님의 집에 세우신 등불, 곧 복음의 일군들에게 하신 말씀이라고 할 때 결국 주님은 너희가 목사가 되기까지 무엇을 들으며 또 어떤 해석을 배울 것인가를 스스로 선택하라는 말씀이다. 다시 말하여 콩 심은데

콩나고 팥 심은데 밭난다는 말과 같다.

계속해서 예수님은 이 말씀과 함께 "너희의 헤아리는 그 헤아림으로 너희가 헤아림을 받을 것이요 또 더 받으리니 있는 자는 받을 것이요 없는 자는 그 있는 것까지 빼앗기리라"(막4:25) 하셨다. 더욱 두려운 것은 누가의 증거이다. 그는 "누구든지 있는 자는 받겠고 없는 자는 그 있는 줄로 아는 것까지도 빼앗기리라"(눅8:18) 기록하였다.

이 말씀은 부르심을 받고 신학교를 졸업했다고, 목사가 되었다고 자만하지 말라는 말씀이다. 성경은 공부하면 할수록 알게 되고 공부하지 않는 자는 조금 알고 있는 것까지도 빼앗길 것이라는 말씀이다.

사랑하는 예수님! 우리에게 말씀을 주셨으니 열심히 듣겠습니다. 주께서 성경으로 모든 말씀을 가르치셨으니 오직 그리스도의 빛을 밝히는 등불이 되겠습니다. 예수님의 이름으로 기도드립니다. 아멘.

[핵심연구]
1. 등불과 등경은 왜 필요한가?
2. 빛과 등불의 다른 점은 무엇인가?
3. 없는 자는 있는 것까지 빼앗기리라는 말씀은 무슨 뜻인가?
4. 우리가 스스로 조심할 것은 무엇인가?

어찌 믿음이 없느냐

(마가복음 4:40) 이에 제자들에게 이르시되 어찌하여 이렇게 무서워하느냐 너희가 어찌 믿음이 없느냐 하시니

마가복음 4장은 천국비밀에 관한 말씀으로 예수님은 씨 뿌리는 비유를 서두로 4단락으로 나누어 말씀하셨다. 우리는 이 말씀을 마태복음 13장과 누가복음 8장과 함께 살펴보아야 한다.

첫 번째 단락에서 주님은 제자들에게 '씨 뿌리는 비유'로서 네 부류의 사람들을 설명하시며, "들을 귀 있는 자는 들으라"(9) 하셨고, "이 비유를 알지 못할진대 어떻게 모든 비유를 알겠느냐"(13) 말씀하셨으며, "뿌리는 자는 말씀을 뿌리는 것이다"(14) 말씀하셨다. 여기서 우리가 주목해야 할 것은 '씨 뿌리는 비유 속의 네 부류의 사람들'은 모두 하나님 말씀과의 관계성을 가진 사람들이라는 것이다.

두 번째 단락에서 예수님은 복음의 제자들을 집안에 켠 '등불'을 비유로 "너희가 무엇을 듣는가 스스로 조심하라"(24)하시며, "있는 자는 받을 것이요 없는 자는 그 있는 것까지도 빼앗기리라"(25) 하셨다. 따라서 두번째 단락은 천국의 길을 밝힐 그리스도의 종들을 말씀하신 것이다.

세 번째 단락에서 예수님은 "저가 밤낮 자고 깨는 중에 씨가 나서 자

라되 그 어떻게 된 것을 알지 못하느니라"(막4:27) 말씀하시며, 씨에서 싹이 나기까지는 알 수 없으나 "땅이 스스로 열매를 맺되 처음에는 싹이요 다음에는 이삭이요 그 다음에는 이삭에 충실한 곡식이라"(28) 말씀하셨다. 이는 밭에 심긴 씨가 충실한 곡식이 되기까지의 과정을 말씀하신 것으로 열매를 맺기까지의 하나님의 비밀하신 경륜을 말씀하신 것이다.

계속하여 예수님은 "우리가 하나님의 나라를 어떻게 비하며 또 무슨 비유로 나타낼꼬 겨자씨 한 알과 같으니 땅에 심길 때에는 땅 위의 모든 씨보다 작은 것이로되 심긴 후에는 자라서 모든 나물보다 커지며 큰 가지를 내니 공중의 새들이 그 그늘에 깃들일 만큼 되느니라"(30-32) 말씀하셨다.

많은 설교자들이 이 말씀을 교회 성장과 관련된 말씀으로 적용하는데 그것은 크게 잘못된 해석이다. 여기서 우리는 "공중의 새들이 그 그늘에 깃들일 만큼 되느니라"하신 말씀을 깊이 생각해야 한다. 주께서 이미 씨뿌리는 비유 첫 단락에서 공중의 새를 사탄, 마귀, 악한 자라고 해석을 하셨기 때문이다.

또한 겨자씨는 나물이므로 새가 깃들일만한 큰 가지를 낼 수 없다. 그러므로 주님은 겨자나물의 기이한 성장 현상을 지적하신 것이다. 그러므로 모로 가도 서울만 가면 된다는 식으로 교회성장을 위해 여러가지 편법을 쓰는 것은 사탄의 역사이다.

그날 저녁 주님은 제자들에게 "우리가 저편으로 건너가자"(35) 말씀하셨다. 이 단락의 말씀은 지금까지 씨 뿌리는 비유를 통해 공부한 천국의 비밀에 대한 것을 삶 속에서 체험하는 결론구와도 같다. 예수님과 함께 탄 제자들의 배가 갑자기 불어온 큰 광풍을 만나 침몰 직전에 이르렀다. 열두 제자들 대부분이 갈릴리 바다의 노련한 어부 출신인데도 감당할 수 없는 풍랑이었던 모양이다. 이와 같이 예수와 함께 하는 우리 교회도 모진 풍파를 만날 수 있다.

거친 풍랑에 두려워진 제자들은 황급히 배 뒤편의 예수님을 깨웠다. 이에 주님은 "바람을 꾸짖으시며 바다더러 이르시되 잠잠하라 고요하라"(39) 명하셨다. 예수께서 바람과 바다를 마치 사람을 대하듯이 꾸짖고 명령하신 것이다. 이것으로 복음사역에는 항상 영적 훼방이 따른다는 것을 명심해야 할 것이다.

이때 주님은 제자들에게 "어찌하여 이렇게 무서워하느냐 너희가 어찌 믿음이 없느냐"(41) 책망하셨다. 이 상황에서 주님은 제자들의 어떤 믿음을 요구하신 것일까? 여기서 주님은 내가 이미 너희에게 "저편으로 건너가자"(35)는 말씀을 심지 않았느냐, 너희가 내 말을 믿었다면 동남풍이 불던 서북풍이 불던 배는 목적지에 도달할 것이 아니냐" 말씀하신 것이다. 여기서 주님은 창조자이신 그리스도의 말씀과 믿는 자들의 역동적 관계를 언급하신 것이다. (우리는 다음 장에서 아주 기이한 일을 목격하게 될 것이다.)

[핵심연구]
1. '우리가 저 편으로 건너가자'하신 말씀을 묵상하라.
2. 예수와 함께 있어도 풍랑은 불어 왔음을 묵상하라.
3. '너희가 어찌 믿음이 없느냐'하신 말씀을 묵상하라.
4. 우리 인생의 큰 광풍은 누가 잠재울 수 있나?

신세대 프로젝트

(마가복음 5:3-5) 그 사람은 무덤 사이에 거처하는데 이제는 아무나 쇠사슬로도 맬 수 없게 되었으니 이는 여러 번 고랑을 깨뜨렸음이러라 그리하여 아무도 저를 제어할 힘이 없는지라 밤낮 무덤 사이에서나 산에서나 늘 소리지르며 돌로 제 몸을 상하고 있었더라

이미 우리가 4장에서 살펴본 바와 같이 이곳을 건너오기 전 예수님과 제자들은 생명을 위협할만한 거대한 풍랑을 만났다. 예수께서는 바람과 풍랑을 꾸짖으시며 제자들에게 "어찌하여 이렇게 무서워하느냐 너희가 어찌 믿음이 없느냐" 책망하셨다. 이를 통해 우리는 영혼 구원을 향한 복음의 계획에 대한 사탄의 영적 대응이 얼마나 현실적이고 위협적인가를 알 수 있다.

예수님과 제자들이 배를 타고 건너 온 지역은 거라사인의 땅이다. 그런데 동일한 지역을 마태는 '가다라 지방'이라고 기록하였다(마 8:28).

어떤 사람들은 마가와 마태 중 하나가 잘못 기록한 것이라고 말하지만 이것은 동시대를 살던 예수 그리스도의 산 증인들이 서로 착오를 일으킨 것이 아니라, 후일 우리에게 이 사건에 대한 깊은 이해와 사고를 요구하는 묵시가 내포되어 있다고 보아야 한다. 그러므로 여기서 우리가 주목해야 할 것은 군대귀신 들린 사람이 회복된 후 복음을

전도한 '데카폴리'(20)라는 지역에 대한 역사적 고찰이다.

'데카폴리'란 10개를 의미하는 '데카'와 성읍을 의미하는 '폴리'의 합성어로 본래 수리아의 영토였지만, 헬라를 일으킨 알렉산더 대왕이 이곳을 점령한 후 동방의 헬라화 정책의 일환으로 건설한 도시국가로서, 오늘날 유럽연합(EU)과 같은 성격을 가졌다고 할 수 있다.

데카폴리에 소속된 도시국가는 스키도폴리스, 펠라, 디온, 거라사, 필라델피아, 가다라, 라바나, 가나다, 히포스 그리고 다메섹으로 이 지역은 위도상으로 정치와 군사, 경제 그리고 문화적 교류의 천혜의 조건을 갖고 있어, 고대 팔레스틴 통치자들이 서로 노리던 전략적 요지였다.

알렉산더 대왕은 데카폴리 지역을 도시국가로 세워 독립된 의회와 화폐를 가진 군주 자치제도를 도입하고 상호 방위조약과 통상조약을 체결한 연방정치를 수립하였다. 또한 알렉산더 대왕은 이곳을 통하여 동방에 헬라화 정책을 실현코자 여러 가지 정치적 특혜를 주어, 당대 귀족들과 유명 문인들을 대거 이주시켰다. 그러나 데카폴리는 헬라제국의 멸망 후 예루살렘을 점령한 시리아의 지배를 받았고, 그후 제사장 마카비 형제가 일어나 유대를 독립하면서 데카폴리 일대는 다시 유대에 예속되었다.

철저한 율법주의자인 마카비 왕조는 이곳의 헬라화를 말살하기 위하여 유대의 유일신 사상을 고취시켰다. 그러나 마카비 왕조 역시 끝내 로마제국의 폼베이 장군에 의해 몰락하고 데카폴리는 다시 로마에 귀속되었다.

이와 같이 데카폴리 지역의 정복자들은 점령 국가의 두뇌들을 인질로 잡아가고 자국의 두뇌들을 그 지역에 주둔시키는 동화정책을 써 왔다. 결국 데카폴리 지역 사람들은 지배세력의 정치 사상과 이념과 종교적 철학을 따라 사고와 이상의 갈등과 영적 충돌을 겪어야했다. (마치 우리나라 조선 말기 시대를 연상케 한다).

이와 같이 한 치 앞을 예측할 수 없는 급변하는 정세 속에서 데카폴리 사람들은 철학적 지혜와 이상을 추구하던 지적 사고에서 벗어나 현실적이고 지극히 개인주의적 사고 속에서 영리를 위한 쾌락주의에 빠져들게 되었다. 다시 말하여 돈과 명예와 쾌락을 위해서는 뭐라도 할 수 있는 동물적인 속성으로 물들어 버린 것이다.

그러므로 오늘날 사회 전반에서 용트림하는 비복음적 사상과 철학과 이념들의 포용은 좀 더 냉철한 영적 이해 속에서 조심스럽게 대처해 나가야 할 것이다. 그렇지 않으면 선한 양심의 인도함을 받지 못한 우리의 자녀들은 사탄이 지배하는 거대한 영적 풍랑에 사로잡혀 자신들도 감당하지 못하는 악의 세계로 빠져 버릴 것이다.

오늘날 수많은 젊은이들이 술과 담배와 마약에 빠져 성적 쾌락 속에 욕망을 불태우고 있다. 사랑하는 자녀들이 이성을 잃고 자신의 몸에 문신을 새기며 육체의 속성을 따라 달려나가는 것을 보면서도 아무 것도 할 수 없는 부모의 고통은 안타까운 일이 아닐 수 없다. 예수를 믿던 청년들까지도 물밀듯이 몰려드는 이방 문화 속에 펼쳐진 사상과 철학과 물질주의에 몰입되고 있는 실정이다.

그러나 여기서 우리가 기억해야 할 것은 아무도 감당할 수 없는 더러운 군대귀신의 사슬을 풀기 위해 예수께서 풍랑을 잠재우고 친히 그에게 나아가셨다는 것과 후일 그는 아무도 감당할 수 없는 혼돈의 땅 데카폴리의 위대한 전도자가 되었다는 사실이다(20).

마가는 "주께서 군대귀신 들렸던 자가 함께 있기를 간구하였으나 허락지 아니하시고 저에게 집으로 돌아가 주께서 네게 어떻게 큰 일을 행하사 너를 불쌍히 여기신 것을 네 친속에게 고하라"(18,19) 하셨다고 기록하였다.

또한 마가는 후일 주께서 두로와 시돈과 데카폴리 지방을 통과하여 갈릴리 호수로 돌아오실 때 수많은 이방 사람들이 따라와 칠병이어의 이적이 일어났음을 기록하였다(막7:31, 8:10). 따라서 오늘의 메시지를 대하는 우리는 모든 사람에 대하여 더욱 인내하여야 할 것이다. 그리스도의 날을 향한 모든 예정과 섭리가 하나님의 뜻 안에 있기 때문이다. 그러므로 나는 오늘도 이들과 함께 살아간다.

사랑하는 주님, 오늘 우리는 데카폴리에 역사한 영들의 세계를 살고 있습니다. 특별히 우리나라는 중국과 러시아, 일본 그리고 미국의 정치, 문화, 종교 사상의 충돌 속에서 영적 훼방을 받고 있습니다. 오늘과 같은 영적 혼란기에 주께서 회복시키신 사람들에게 복음의 길을 열어 주시기를 예수님 이름으로 기도드립니다. 아멘.

[핵심연구]
1. 데카폴리의 뜻은 무엇인가?
2. 데카폴리의 역사적 상황은 무엇을 증거하는가?
3. 당신은 포르노, 동성애, 알코올 중독에 빠진 청년들을 어떻게 생각하는가?

믿음의 모험과 인생공감

(마가복음 5:36) 예수께서 그 하는 말을 곁에서 들으시고 회당장에게 이르시되 두려워 말고 믿기만 하라 하시고

오늘 우리가 함께 살펴볼 마가복음 5장에는 한 시대를 살아가던 네 부류의 사람들의 구원을 향한 믿음의 모험에 관한 이야기가 소개되었다. 이들은 모두 예수 그리스도의 시대에 살던 사람들로서 피할 수 없는 인생의 고통 속에서 메시아를 발견한 사람들이다.

그 첫번째 소개된 사람은 군대 귀신에 사로잡힌 자이며, 두 번째는 유대인 지도자 회당장 야이로이며, 세 번째는 저주의 질병에 묶인 여인이며, 네 번째는 죽음과 부활을 체험한 한 소녀의 이야기이다. 이들은 모두 구원의 섭리가 그리스도의 주권 안에 있음을 증거하고 있다.

우리가 앞에서 살펴보았듯이 군대 귀신들린 자가 예수를 믿은 것은 그의 의지와 선택이 아니라 주 예수 그리스도의 전적인 은혜였음을 알 수 있다. 또한 열두 살 난 야이로의 딸은 죄와 무관하게 죽음을 당한 순간, 아비 야이로의 믿음의 결단으로 다시 살아난다. 이를 통하여 우리는 구원이 자기의 의지적 믿음으로 이루어지는 것만은 아닌 것을 알 수 있다.

먼저 우리가 살펴볼 믿음의 모험은 당대 최고의 부와 명예를 가진 가

버나움의 회당장 야이로와 저주의 혈루병으로 가족과 살 수 없고 예배에도 동참할 수 없었던 이름없는 여인의 이야기이다.

야이로는 당대 존경받는 가버나움 회당장이다. 가버나움은 왕의 신하와 로마 백부장이 살고 있었고 회당과 세관이 있는 갈릴리에서 가장 큰 도시였다.

예수께서도 "가버나움아 네가 하늘에까지 높아지겠느냐 음부에까지 낮아지리라 네게서 행한 모든 권능을 소돔에서 행하였더면 그 성이 오늘날까지 있었으리라"(마11:23) 할 정도였다.

그런데 야이로 회당장에게 피할 수 없는 문제가 발생하였다. 하나 밖에 없는 열두 살 난 외동 딸이 병이 들어 죽어가고 있었다. 열두 살이면 성인식을 거행하고 혼인을 준비하는 인생에서 가장 기뻐해야 할 나이이다.

야이로는 딸을 살리기 위해 소문난 의원들은 물론 민간요법이나 종교적 의식도 다 행하였을 것이다. 그러나 더 이상 딸을 살릴 수 없다고 판단한 그는 예수님 앞에 무릎을 꿇었다.

사실 회당장인 그가 예수 앞에 무릎을 꿇는다는 것은 있을 수 없는 일이다. 그 당시 예수는 이단 괴수로 낙인되어 누구든지 그를 따르면 유대교로부터 출교를 당해야 했었다.

그러나 죽어가는 딸을 살리기 위해 야이로는 예수님의 발 앞에 엎드리어 "내 어린 딸이 죽게 되었사오니 오셔서 그 위에 손을 얹으사 그로 구원을 얻어 살게 하소서"(23) 간구하였다. 그의 말로보아 야이로가 예수를 메시아로 믿은 것은 아니다. 그는 주께서 안식일에 회당에서 손 마른자에게 손을 얹어 고치시는 것을 보았기 때문이다(막 3:3-5).

예수님은 그의 간청을 들어 제자들과 함께 그의 집으로 향하였고 이 상황을 본 수많은 군중들이 따라 붙었다. 그때 갑자기 무리 중에서 혈루병 여인이 나타난 것이다. 마가는 "열두 해를 혈루증으로 앓는 한 여자가 있어 많은 의원에게 많은 괴로움을 받았고 있던 것도 다 허비하였으되 아무 효험이 없고 도리어 더 중하여졌던 차에"라고 기록하였다(25,26).

이스라엘에서 혈루병은 유대인들 속에서 함께 생활할 수 없는 저주 받은 유출병으로서 혈루병 여인이 수많은 군중을 헤치고 예수 앞에 나온다는 것은 용기와 결단만으로는 불가능하다. 그 상황 속에서 그녀가 예수 앞으로 돌진할 수 있었던 것은 "내가 그의 옷에만 손을 대어도 구원을 받으리라"(28)는 절체절명의 믿음의 모험이었다.

오늘의 메시지 중 우리를 흥미롭게 하는 것은 혈루병 여인의 '열두 해'와 야이로의 딸 '열두 살'이라는 숫자다. 시간상으로 말하자면 이 여인이 혈루병에 걸렸을 때 이 아이가 태어난 것이다. 이야말로 공존하는 인생의 희노애락 속에 펼쳐진 인생공감이 아닐 수 없다.

이스라엘 사람들에게 있어 열둘이란 숫자는 특별한 의미가 있다. 야곱의 열두 아들로 시작된 이스라엘의 역사와 예수 그리스도의 열두 제자 그리고 1년은 열두 달이며 낮과 밤이 열두 시간인 것처럼 하나님의 예정 섭리이다. 이 한계를 넘은 '13'이란 숫자가 사탄을 의미한다고 할 때 열둘이 시사하는 바는 특별하다.

오늘 이 말씀은 구원의 실체를 상실한 채 종교의식에 혈안이 된 교회 지도자들을 향한 메시지이기도 하다. 그러므로 믿는 우리가 만약 우리를 향하신 하나님의 뜻을 발견하지 못한 채 예배를 표방하는 종교적 의식 속에 매여 있다면 우리 또한 유대인과 다를 바 없다. 그러므로 우리는 제도적인 종교적 의식 속에서 깨어나 영혼의 구원을 향한 믿음의 모험을 해야 할 것이다.

주님은 "낮이 열두 시가 아니냐 사람이 낮에 다니면 이 세상의 빛을 보므로 실족하지 아니하고 밤에 다니면 빛이 그 사람 안에 없는 고로 실족하느니라"(요11:9,10) 말씀하셨다. 그러므로 아직 우리 앞에 섭리하신 시간이 남아 있을 때 균형을 잃은 틀과 제도에서 벗어나 영혼의 구원을 향한 말씀 속으로 믿음의 모험을 떠나야 할 것이다.

사랑하는 예수님, 오늘 우리는 하나님의 섭리 안에서 살아가고 있습니다. 우리가 자기의 길을 행하는 것 같아도 우리 모두의 인생은 주님의 계획 안에 있음을 시인하며, 예수 이름으로 기도합니다. 아멘.

[핵심연구]

1. 군대 귀신 들린 자의 상태는 어떠했는가?
2. 야이로 회당장의 믿음의 모험의 진행 상황을 묵상하라.
3. 혈루병 여인은 어떤 믿음을 가졌는가?
4. 야이로의 딸의 살아남은 어떤 의미를 주는가?

양의 침묵과 목자의 영적체감

(마가복음 6:52) 이는 저희가 그 떡 떼시던 일을 깨닫지 못하고 도리어 그 마음이 둔하여졌음이러라

오늘 우리는 마가복음 6장에서 사단이 통치하는 세상 가운데 새롭게 펼쳐지는 그리스도의 왕국을 통해 이 땅에 공존하는 두 왕국의 서로 다른 속성들을 살펴보게 된다. 이를 위하여 우리는 이 세상은 눈에 보이는 물질세계와 눈으로 볼 수 없는 영적세계가 공존하고 있음을 이해하여야 한다.

세상 사람들은 우주, 곧 하늘을 말할 때 대기권과 우주권을 말한다. 그러나 우리는 하늘에 보좌권이 있음을 믿고 있다. 이것은 영적인 세계를 인지하고 있다는 뜻이지만 우리 역시 하늘 보좌권은 아무도 도달할 수 없는 우주권 밖에 있을 것이라고 생각한다. 그러나 사실 보좌권은 우리와 가까운 곳에 존재한다. 바울도 삼층천을 체험한 바 있었으며 주께서도 천국은 이미 너희 가운데 있다 말씀하셨다.

과학자들은 물질 속에는 가시적인 고체보다 훨씬 많은 공간이 존재하고 있음을 밝혀냈다. 이것이 수소폭탄과 원자폭탄의 발명 원리이다. 따라서 만약 우리 몸을 구성하는 원자 사이의 공간을 없애버린다면 우리 몸을 보기 위해서는 현미경이 필요할 것이다.

이와 같이 우리가 살고 있는 세상은 서로 다른 분자 구조를 가진 물

질세계와 영적세계가 교차하여 공존하고 있다. 다만 사람이 이것을 체감하지 못하는 이유는 영적세계와 세상의 분자구조는 전혀 다른 질서 속에 있기 때문이다.

그러면 인간은 삶 속에서 영적 세계와 교감을 할 수 없는 것일까? 그렇지 않다. 오히려 인류는 신들과의 영적 교감을 위해 부단한 노력을 했다. 에덴동산에서 쫓겨난 후로 인간은 하늘 십이궁성의 비밀을 찾기 위해 바벨탑을 쌓았으며 하늘의 신비를 깨닫기 위해 수많은 종교를 창출하였다. 그럼에도 오늘날 하나님의 백성들에게 있어 가장 큰 문제는 영적 체감을 하지 못하는 데 있다. 그 원인은 무엇일까?

마가는 예수께서 오천 명을 먹이신 오병이어에 앞서 자기 앞으로 나오는 큰 무리를 보시고 "목자 없는 양 같음을 인하여 불쌍히 여기시어 여러 가지로 가르치셨다"(34)고 기록하였다. 여기서 '목자 없는 양 같다'는 비유는 매우 흥미롭다. 하나님의 택한 이스라엘 백성을 양으로 비유하셨기 때문이다.

우리가 양의 특성을 살펴보건대 양들은 스스로 살아갈 자생능력이 없다. 또한 목자의 음성을 듣기까지는 어떤 상황에서도 침묵하며, 먹이가 충족되지 않으면 장막 터를 파헤쳐 쑥밭으로 만든다. 그러므로 하나님의 양들에게 하나님의 말씀을 먹이지 않으면 교회는 양들에 의하여 분열되고 쑥밭이 되는 것은 자명한 일이다.

택하신 이스라엘 백성들이 '목자없는 양' 같이 된 것은 목자의 음성을 듣지 못하기 때문이다. 사실 그 당시 이스라엘 백성들은 구약의 말라기 선지자 이래 400여 년간 하나님의 메시지를 듣지 못하고 있었다. 그러므로 주님은 "나는 이스라엘 집의 잃어버린 양 외에는 다른 데로 보내심을 받지 아니하였노라"(마15:24) 하셨으며, 제자들에게도 "차라리 이스라엘 집의 잃어버린 양에게로 가라"(마10:6) 당부하셨다.

오늘날 북유럽이나 터키와 같은 사회주의 국가를 보라. 국민들이 곤고하고 허기에 차 있지 않은가? 그러나 그 나라들도 복음으로 충만하던 은혜의 시대가 있었다. 그들이 오늘과 같이 되어버린 것은 인간의 왕국을 세우기 위해 그리스도의 목자들의 목을 베어버렸기 때문이다. (이제 영적 체감에 관한 말씀을 살펴보자.)

오병이어 이후 예수님은 제자들을 재촉하여 바다를 건너가게 하셨다. 기적을 체험한 수천 명의 사람들이 예수를 왕으로 삼고자 술렁거려 제자들이 군중 심리에 휘말릴 것을 염려하신 것이다.

제자들을 배에 태워 보낸 후, 예수님은 사람들을 돌려보내고 홀로 산에 올라 기도하던 중, 깊은 밤 사경에 바다 가운데서 풍랑과 싸우는 제자들을 보시고 바다 위를 달려가셨다. 그러나 제자들은 깨닫지 못하고 유령이라 생각하고 소리를 질렀다. 이는 그들이 바보라서가 아니라 사람이 감지할 인지 능력의 한계를 초월하였기 때문이다.

흥미롭게도 마가는 제자들의 영적 상황에 대하여 "이는 저희가 그 떡 떼시던 일을 깨닫지 못하고 도리어 그 마음이 둔하여졌음이러라"(52) 기록하였다. 여기서 "마음이 둔하여졌다"는 말씀은 "마음이 완악해졌다"는 뜻이다. 다시 말해서 마음이 딴 데 있다는 말씀이다.

만약 제자들이 불과 몇 시간 전 강 건너에서 행하신 오병이어의 기적을 마음에 두고 있었다면 예수께서 능히 무엇이라도 할 수 있는 하나님의 아들이심을 인지했을 것이라는 뜻이다. 그러므로 오늘 이 메시지는 살아계신 하나님 말씀에 대한 목자들의 영적 각성의 무지함을 책망하신 것이다.

예수께서 제자들에게 너희는 나를 어떻게 말하느냐 물었을 때, 베드로는 "주는 그리스도시요 살아계신 하나님의 아들이시니이다" 증거하였다. 이에 주님은 "그것을 알게 한 이는 혈육이 아니요 하늘에 계신 내 아버지시니라"(마16:16,17) 하셨다. 이는 그리스도를 아는 지혜가 사람에게 있지 않음을 말씀하신 것이다.

또한 요한은 예수님을 소개하며 "말씀이 육신이 되어 우리 가운데 거하시매 우리가 그 영광을 보니 아버지의 독생자의 영광이요 은혜와 진리가 충만하더라"(요1:14) 증거하였다. 이 모두가 살아계신 말씀의 실체, 곧 그리스도에 대한 영적 자각을 요구하는 말씀이다.

오늘날 우리가 하나님을 믿으면서도 영적인 문제에 대하여는 인간의 한계를 넘지 못하고 있는 것은 우리 교회가 목자없는 양같이 하나님의 말씀을 듣지 못하기 때문이다.

[핵심연구]
1. 예수님은 왜 이스라엘 백성을 목자 없는 양 같다고 하셨는가?
2. 구약에서 이스라엘을 양으로 칭하신 말씀들을 묵상하라.
3. 양들의 특성은 무엇이며 왜 목자가 필요한가?
4. 성도들이 예수님과 영적 체감을 하지 못하는 이유는 무엇인가?

무엇이 당신을 더럽게 하는가?

(마가복음 7:20-23) 또 가라사대 사람에게서 나오는 그것이 사람을 더럽게 하느니라 속에서 곧 사람의 마음에서 나오는 것은 악한 생각 곧 음란과 도적질과 살인과 간음과 탐욕과 악독과 속임과 음탕과 흘기는 눈과 훼방과 교만과 광패니 이 모든 것이 속에서 나와 사람을 더럽게 하느니라

마가복음 7장은 하나님의 택하심과 부르심 가운데 거룩한 하나님의 백성으로서의 사랑과 은혜를 받았음에도 실제 생활에서는 사람이 만든 교훈과 제도에 갇혀 선과 악의 모순된 삶을 사는 유대인의 모습과 택함받지 못한 이방인 풍토 속에서 바닥을 치는 인생의 고통을 체험하며 메시아의 이름을 갈망하는 영혼들의 이야기들이 기록되어 있다.

그러므로 오늘의 메시지는 비단 종교적 모순에 빠져 있는 유대인들에게 속한 이야기가 아니라 오늘날 교단 교파의 종교적 딜레마에 사로잡혀 귀먹고 어눌한 혀가 되어버린 현대교회를 향한 메시지이기도 하다.

사실 하나님께서 주신 율법은 택하신 이스라엘 백성들의 거룩한 삶을 위해 바르게 해석하고 삶에 그대로 적용되어야 할 지혜의 말씀이다. 그러나 그들은 수세기에 걸쳐 자신들의 권익을 위한 조항들을 첨부시켜 종교적 생활 윤리로 확대하여 '미쉬나'(mishnah)를 만들어 내

었다. 그들은 식기 다루는 것, 심지어 외출하고 돌아오면 엄격하게 손을 씻는 정결 의식을 중히 여겼다. 그 이유는 외적인 생활 습관에서 악한 것들이 유입된다고 생각하기 때문이다.

그러므로 주님은 '사람의 계명으로 교훈을 삼아 가르치니 나를 헛되이 경배하는도다' 책망하셨다. 우리는 이 말씀 속에서 계명과 가르침이 예배와 관계가 있음을 알 수 있으며 인간에게는 이성적 속성과 영적 속성이 함께 있음을 알 수 있다.

주님은 무리에게 "너희는 내 말을 듣고 깨달으라 무엇이든지 밖에서 사람에게 들어가는 것은 능히 사람을 더럽게 하지 못하되 사람 안에서 나오는 것이 사람을 더럽게 하는 것이니라"(15,16) 하셨다. 그러나 제자들도 이 비유를 깨닫지 못하고 예수께 물었다.

이에 주님은 "너희도 이렇게 깨달음이 없느냐 무엇이든지 밖에서 들어가는 것이 능히 사람을 더럽게 하지 못함을 알지 못하느냐 이는 마음에 들어가지 아니하고 배로 들어가 뒤로 나감이니라 그러므로 모든 식물은 깨끗하다" 하셨다. 이로써 우리는 영에 속한 것과 물질에 속한 것이 전혀 다른 것임을 알 수 있다.

계속해서 주님은 "사람에게서 나오는 그것이 사람을 더럽게 하느니라 속에서 곧 사람의 마음에서 나오는 것은 악한 생각 곧 음란과 도적질과 살인과 간음과 탐욕과 악독과 속임과 음탕과 흘기는 눈과 훼방과 교만과 광패이니 이 모든 악한 것이 다 속에서 나와서 사람을 더럽게 하느니라"(20-23) 말씀하셨다. 이는 사람을 더럽히는 악한 영들이 사람들 마음속에서 역사하고 있음을 언급하신 것이다.

또한 이 말씀은 세상 사람들을 향한 것이 아니라 하나님의 계명을 버리고 사람의 전통적 가르침에 빠져 악한 생각에 물들어 버린 하나님의 백성들에게 하신 말씀이며, 또 오늘날 하나님을 믿는 우리들에게도 하신 말씀이다.

그러므로 우리는 사람의 인격을 더럽히는 것들은 인본주의에서 나온 잘못된 철학과 사상에서 비롯되었음을 깨달아야 한다. 잘못된 원리와 철학과 사상들이 사람의 마음을 지배하는 영적 세력이기 때문이다. 그러므로 성경은 "우리의 싸움이 육체에 있지 않다"하였고 "무릇 지킬만한 것보다 너의 마음을 지키라" 경계하였다.

사랑하는 주님, 우리에게 그리스도의 복음의 진리를 주심을 감사합니다. 주의 복음으로 말미암아 우리의 영혼이 잘되고 복된 삶을 살고 있습니다. 우리로 세상의 철학과 사상에 빠지지 않게 하소서. 예수 이름으로 기도합니다. 아멘.

[핵심연구]
1. 사람에게서 나오는 것은 무엇을 뜻하는가?
2. 사람을 더럽게 한다는 것은 무엇을 더럽게 한다는 말인가?
3. 무엇으로 사람의 마음을 다스릴 수 있는가?
4. 변화라는 것은 무엇을 뜻하는가?

오병이어에 담긴 복음의 계시

(마가복음 8:18) 너희가 눈이 있어도 보지 못하며 귀가 있어도 듣지 못하느냐 또 기억지 못하느냐

우리가 8장을 바르게 이해하기 위해서는 전체 문맥을 따라 문단별로 주의 깊게 살핀 후, 메시지의 핵심이 떠오르기까지 충분한 사고가 필요하다. 그 이유는 8장의 말씀은 단순하게 기적과 관련된 사역자의 영적 깨달음을 시사하는 것뿐이 아니라 부름받은 사역자들이 세상을 대처하는 영적 관리 능력에 관한 원리를 제시하고 있기 때문이다.

오병이어의 이적 이후 유대 종교 지도자들은 예수님을 시험하여 하늘로부터 오는 표적을 요구하였다. 이들에게 염증을 느끼신 주님은 제자들에게 "삼가 바리새인들의 누룩과 헤롯의 누룩을 주의하라"(13)하셨다. 이 말씀은 곧 바리새인들의 종교의식주의와 사두개인의 관료주의로부터 오는 누룩의 속성을 비유하신 것으로 장차 교회 안에 나타날 상황을 미리 말씀하신 것이기도 하다.

그런데도 정작 제자들은 누룩의 비유를 깨닫지 못하고 자신들이 떡을 준비하지 못한 것이라 생각하며 수군거렸다. 이에 주께서 "너희가 어찌 떡이 없음으로 의논하느냐 아직도 알지 못하며 깨닫지 못하느냐 너희 마음이 둔하냐"(17) 책망하시며 다시 "너희가 눈이 있어도 보지 못하며 귀가 있어도 듣지 못하느냐 또 기억지 못하느냐"(18)

책망하였다. 예수님과 오랜 시간을 함께 생활을 하며 가르침을 받으면서도 주의 말씀을 이해하지 못한다는 것은 참으로 안타까운 일이 아닐 수 없다. 그만큼 주님과 영적인 괴리감이 있었다는 뜻이다.

이에 예수님은 "내가 떡 다섯 개를 오천 명에게 떼어 줄 때에 조각 몇 바구니를 거두었더냐 또 일곱 개를 사천 명에게 떼어 줄 때에 조각 몇 광주리를 거두었더냐"(18,20) 물으셨고, 제자들은 "열둘입니다", "일곱입니다" 답하였다. 그런데 여기서 더 흥미로운 것은 주께서 제자들의 답변에 대해 "아직도 깨닫지 못하느냐"(21) 반문하신 후 그에 대한 속 시원한 해석은 없고 다른 사건으로 이어진 것이다. 과연 제자들이 무엇을 깨달은 것인지 궁금한 대목이다.

나는 이것이 궁금해서 많은 주석을 찾아보고 선배 목사들에게 문의를 했으나 속시원한 해답을 얻지 못하였다. 그래서 오랜 시간 묵상을 하며 이 말씀에 대한 성경적 해석을 찾기에 힘썼다.

이 말씀에 대한 해석은 분분하겠지만, 마가복음 6장의 오병이어와 7장의 칠병이어의 기적은 영적 상황의 실체로서 복음을 맡은 우리에게 주신 숙제라고 생각한다. (그러므로 아래에 서술한 나의 해석적 견해는 읽는 사람들이 분변해 주기 바란다.)

먼저 우리는 오병이어와 칠병이어의 대상들을 살펴 볼 필요가 있다. 누가복음 9장에 의하면 오병이어의 대상들은 열두 제자들의 전도여행 이후에 따라 온 유대인들이다. 그러나 칠병이어의 대상은 예수께서 두로와 시돈과 그리고 데카폴리를 돌아 오셨을 때 따라 온 사람들이다. 그러므로 오병이어의 기적은 유대인의 영적 관점이며, 칠병이

어는 이방인의 영적 관점에서 분변해야 할 필요가 있다.

이 비유의 열쇠는 본문에 언급된 '열두 바구니'와 '일곱 광주리'로서 이는 유대인과 이방인의 생활 풍습에서 찾아볼 수 있다. 바구니는 유대인들이 근교를 이동할 때 음식물을 담는 작은 바구니이고, 광주리는 사람도 들어갈 수 있는 이방인들의 여행 도구였기 때문이다 (행9:25).

그러나 중요한 것은 이런 생활 풍습에 관한 이슈가 아니라 오병이어와 칠병이어가 전달하는 복음적 메시지이다. 이것을 깨닫기 위해서 우리는 먼저 '열둘'과 '일곱'이 뜻하는 성경 언어의 이해가 필요하다. 성경에서 '열둘'과 '일곱'의 숫자는 계시 언어로서 열둘은 '구속과 섭리'를 뜻하며 일곱은 '하나님의 신적 완전성'을 뜻한다. 그러므로 비유의 해답은 오병이어와 칠병이어를 누가 준비하였는가에 있다.

오병이어의 상황에 대하여 마가는 주께서 "너희에게 떡 몇 개가 있느냐 가서 알아보라 하시니 제자들이 알아보고 와서 떡 다섯 개와 물고기 두 마리가 있습니다"(막6:37)라고 기록하였다. 그러나 요한복음 6장을 살펴볼 때, 떡 다섯은 안드레가 갖고 나왔지만 실상은 어린 소년에게 받은 것을 알 수 있다(요6:8,9). 그러나 사천 명을 먹인 칠병이어의 기적은 제자들이 준비한 떡 일곱 개로 말미암은 것이다 (막8:5).

그러므로 먼저 우리가 생각해야 할 것은 유대인들의 문제점은 무엇인가를 발견하는 데 있다. 유대인들은 이미 말씀과 예배와 율법의 도를 받은 택하신 선민임에도 바리새인과 사두개인들의 종교적 권위를 유지하기 위하여 예수께 순종하지 않은 것이다. 다시 말하여 유대인들의 구원은 어린이와 같은 순수한 마음으로 예수 그리스도께서 복음을 위해 세우신 사도들 앞에 나와야 하는 것이다. 그러므로 주님은 "오직 바리새인과 율법은 세례를 받지 아니한지라 스스로 하나님의 뜻을 저버리니라"(눅7:29) 책망하셨다.

그러면 일곱 광주리의 기적은 어떻게 이해하여야 할까? 이방인은 고대로부터 하나님을 모르던 백성들이다. 따라서 스스로 하나님도, 복음의 계시도 알 수 없으므로 예수 그리스도를 믿을 수도 없다. 그러므로 예수님은 이방인의 언어와 문화와 학문과 철학을 겸비하고 유대인 율법학자로서 충실했던 바울을 이방인의 사도로 삼으셨다.

만약 이방에 보낸 복음의 일꾼들이 온전한 이방인에 대한 이해가 부족하고 또한 충분한 성경적 지식에 이르지 못하였다면 큰 혼란이 일어날 것이다. 이방인들은 많은 신들과 서로 다른 언어와 문화, 철학과 사상을 갖고 있기 때문이다. 따라서 이방인의 구원은 제자들의 복음의 완전성에 있다. 그러므로 오병이어의 대의는 유대인의 복음적 순종을 요구하며, 칠병이어의 대의는 복음 전도자의 성경적 완전성을 요구하신 것이다.

이제 이 말씀을 대하는 당신에게 무엇이 필요하며 또한 부르심을 받은 종들은 무엇을 갖추어야 할 것인지를 스스로 생각해야 할 것이다.

[핵심연구]
1. 오병이어의 상황을 오늘의 복음적 비유로 묵상하라.
2. 칠병이어의 상황을 오늘의 복음적 비유로 묵상하라.

음란하고 믿음이 없는 세대

(마가복음 9:19) 대답하여 가라사대 믿음이 없는 세대여 내가 얼마나 너희와 함께 있으며 얼마나 너희를 참으리요 그를 내게로 데려오라 하시매

오늘 예수님은 제자들에게 "믿음이 없는 세대여 내가 얼마나 너희와 함께 있으며 얼마나 너희를 참으리요" 책망하셨다. 또한 주님은 8장 마지막 단락에서 "누구든지 이 음란하고 죄 많은 세대에서 나와 내 말을 부끄러워하면 인자도 아버지의 영광으로 거룩한 천사들과 함께 올 때에 그 사람을 부끄러워하리라" 경고하신 바 있다.

주께서 두 세대를 지칭하신 말씀들은 그 당시 유대인의 영적 상황을 말씀하신 것이지만 장차 펼쳐질 교회시대에 나타날 두 가지 영적 현상으로, 음란과 죄에 빠져 거룩한 품성을 상실한 교회의 상황들을 수수방관하고 종교 활동에 빠져있는 목회자들의 영적 이탈의 실태를 미리 고발하신 것이다.

주께서 언급하신 '세대'(Generation)는 문자적으로 한 사람의 출생으로부터 그 아들의 출생까지의 생의 주기를 말하는 것이지만, 여기서는 복음이 도래한 이래 그리스도의 날까지 살았던 모든 사람들의 시대를 지칭한 것으로 오늘날 우리도 포함된 것이다.

마가복음 9장 서두에는 예수께서 베드로와 야고보와 요한을 따로 데

리고 변화 산상에 오르셨던 내용이 기록되었다. 이때 모세와 엘리야가 그들에게 나타나 예수와 함께 말씀하시는 것을 본 베드로가 "선생님 여기가 좋사오니 우리가 초막을 짓되 하나는 주를 위하여 하나는 모세를 위하여 하나는 엘리야를 위해 하사이다"(5) 하였다. 이때 구름 속에서 소리가 나서 "이는 내 사랑하는 아들이니 너희는 그의 말을 들으라"(7)는 말씀이 들렸다.

예수님은 산에서 내려오면서 세 제자들에게 "인자가 죽은자 가운데서 살아날 때까지는 본 것을 아무에게도 말하지 말라"(9) 당부하셨다. 그러므로 이 모든 상황은 주께서 죽으시고 부활하신 이후에 교회시대에 일어날 일들을 미리 말씀하신 것이라할 때, 우리 교회 앞에 펼쳐지는 그리스도의 왕국시대를 미리 보는 것과도 같다.

그런데 주께서 세 제자들과 산에서 내려오니 땅에 있던 아홉명의 제자들이 큰 무리에 둘러싸여 서기관들과 변론을 하고 있었다. 여기서 변론이란 상대의 허물들을 공격하는 논쟁을 뜻한다. 오늘날 신학논쟁과 같다. 더 한심스러운 상황은 마침 무리 중에는 귀신들린 어린 아들을 아홉 명의 제자들에게 데리고 온 아비가 있었는데, 제자들은 귀신을 쫓아 내지 못하고 서기관들과 둘러싸여 논쟁에 빠져 있었던 것이다.

주님은 귀신들려 고통받는 어린아이를 옆에 두고도 교리 논쟁에 빠져 있는 제자들에게 "너희가 저희와 무엇을 변론하느냐" 책망하셨다(16). 흡사 오늘날 우리 교회들의 모습과도 같지 않은가 싶다. 이 상황은 오늘날 우리의 자녀들이 술과 포르노와 마약과 동성애에 빠져 고통받고 있는데도 교회들은 서로 교리 다툼을 하며 도토리 키재기

싸움을 하고 있는 것과 전혀 다를 바가 없다.

이런 정황을 보신 예수님은 열두 제자를 불러 모으시고 "아무든지 첫째가 되고자 하면 뭇사람의 끝이 되며 뭇사람을 섬기는 자가 되어야 하리라"(35) 말씀하신 후 어린 아이 하나를 앞에 세우시고 "누구든지 내 이름으로 이런 어린아이 하나를 영접하면 곧 나를 영접함이요 누구든지 나를 영접하면 나를 영접함이 아니요 나를 보내신 이를 영접함이니라"(37) 하셨다. 이는 어린아이와 같은 순수한 믿음을 말씀하신 것이다. 아이들은 어떤 이론이나 조건을 걸고 하나님을 믿지 않기 때문이다.

이때 요한이 주 앞에 선뜻 나서서 "선생님 우리를 따르지 않는 어떤 자가 주의 이름으로 귀신을 내어쫓는 것을 우리가 보고 우리를 따르지 아니하므로 금하였나이다"(38) 말하였다. 이것으로 우리는 요한의 마음속에 사역적 시기와 질투가 있었음을 볼 수 있다.

이에 주님은 금하지 말라 하시며 "우리를 반대하지 않는 자는 우리를 위하는 자니라 누구든지 너희를 그리스도에게 속한 자라 하여 물 한 그릇을 주면 내가 진실로 너희에게 이르노니 저가 결단코 상을 잃지 않으리라"(40,41) 하셨다. 주님은 너희가 무엇을 중히 여기느냐에 방점을 찍으신 것이다. 그러므로 오늘날 교단과 교회들이 얼마나 서로 시기하고 비방하는가 새겨 보아야 할 것이다.

이 말씀을 하신 후 주님은 "누구든지 나를 믿는 이 소자 중 하나를 실족케 하면 차라리 연자 맷돌을 그 목에 달리우고 바다에 던지움이 나으리라"(42) 경고하셨다. 이는 우리 교회가 해야할 일이 무엇인가를 다시 한번 경계하신 말씀이다. 교회의 목적은 교리 다툼이나 사역 경쟁이 아니라 어린자 하나라도 실족 시키지 않는 것이다(마8:14).

계속하여 주님은 "네 손과 발이 너를 범죄하게 하거든 찍어버리라 네 눈이 너를 범죄하게 하거든 빼버려라"(43) 엄히 명하셨다. 이는 믿는 자들의 삶 속에서 죄의 속성을 끊어내고 복음의 의를 실현케 하라는 말씀으로 우리 목사들이 가슴 깊이 새겨야 할 말씀이다.

끝으로 주님은 "사람마다 불로서 소금 치듯함을 받으리라 소금은 좋은 것이로되 만일 소금이 그 맛을 잃으면 무엇으로 이를 짜게 하리요 너희 속에 소금을 두고 서로 화목하라 하시니라"(막9:49-50) 하셨다. 소금은 음식의 맛을 내는 것이 주 목적이다. 그러나 소금이 맛을 상실하던가, 너무 부족하거나, 지나치면 음식의 맛을 상실하게 된다. 그러므로 이 말씀은 목사의 사명을 상실치 말고 교회가 오직 진리의 말씀 안에서 연합하여 화평을 이루라는 말씀이다.

사랑하는 주님, 종말에 사는 우리 모든 교회들이 주께서 미리 말씀하신 성경의 진리 속에서 서로 화합하게 하소서. 예수님 이름으로 기도드립니다. 아멘.

[핵심연구]
1. 장차 올 두 세대는 어떤 세대인가?
2. 세 명의 제자는 변화산상에서 무엇을 보았으며 어떤 말씀을 들었는가?
3. 땅 아래 남아 있던 아홉 명의 제자들은 무엇을 하고 있었는가?
4. "너희 안에 소금을 두고 화목하라" 하신 말씀은 무슨뜻인가?

무엇을 하여 주기를 원하는가?

(마가복음 10:51) 예수께서 일러 가라사대 네게 무엇을 하여 주기를 원하느냐 소경이 가로되 선생님이여 보기를 원하나이다

오늘 주께서 당신에게 '네게 무엇을 하여 주기를 원하느냐?' 물으시면 당신은 무어라 답하겠는가? 몸이 아픈 사람은 몸이 낫기를 원할 것이며 사업에 실패한 사람은 돈을 벌게 해달라고 할 것이다. 또 나와 같이 목회에 성공하지 못한 개척교회 목사들은 나도 좀 보란 듯이 큰 교회 담임을 하게 해달라고 할 것이다.

이와 같이 사람들은 한 세상 살아가면서 자기 인생의 목표에 따라서 그 필요한 것을 찾게 마련이다. 이러한 욕구는 하나님을 믿는 사람들도 다르게 없다. 목마른 사람이 물을 찾듯이 말이다. 그러나 흥미롭게도 오늘 본문에는 세 부류의 사람이 주께 나아와 자신들의 필요한 것을 요구하였다.

오늘 첫 번째 등장한 사람은 부자 청년이다. 아마 이 사람은 그 일대에서 상당히 저명한 사람인 것 같다. 마태가 그를 가리켜 청년이라 하였으므로 어쩌면 그는 세습적인 부자일 것이다(마19:22).

흥미롭게도 그의 관심은 '영생'에 있었다. 영생이란 영원히 죽지 않고 살 수 있는 종교적인 인생관을 뜻한다. 어찌됐든 하나님을 믿는

이 부자 청년이 현실 생활에 만족하지 못하고 영생에 관심을 갖고 있었다는 것은 다행한 일이 아닐 수 없다.

주님은 그러한 청년의 믿음을 보시고 사랑하시어 "네게 오히려 한 가지 부족한 것이 있으니 가서 네 있는 것을 다 팔아 가난한 자들을 주라 그리하면 하늘에서 보화가 네게 있으리라 그리고 와서 나를 좇으라"(21) 하셨다.

주께서 이 청년을 사랑하신 것은 율법적 생활을 하면서도 영생을 꿈꾸고 있는 것만도 대단한 믿음이었기 때문이다. 그러나 그는 재물이 많은 고로 근심하며 돌아갔다. 그의 재물이 영생의 꿈을 이루지 못하게 한 것이다.

오늘 주 앞에 두 번째로 나선 사람들은 열두 제자 중 야고보와 그의 형제 요한이었다. 그들은 주께 나아와 "선생님이여 무엇이든지 우리의 구하는 바를 우리에게 하여 주시기를 원합니다" 하였다. 이에 주께서 "너희에게 무엇을 하여주기를 원하느냐 물으시니 주의 영광 중 우리를 하나는 주의 우편에 하나는 좌편에 앉게 하여 주십시오"(35-37) 요청하였다.

흥미롭게도 이때의 상황은 예수께서 예루살렘에 올라가면 장로와 서기관에게 팔려 이방인에 의해 십자가에 못박혀 죽은 후 삼일 후에 살아날 것을 친히 말씀하셨을 때이다.

주님은 십자가의 고난 받으실 것을 여러 차례 말씀하셨는데도 제자들은 주님의 나라에서 한자리 할 것을 생각하고 있었던 것이다. 지금도 교회들은 장자권의 영광을 얻기 위해 세력을 키우는 일에 열중하고 있지 않은가 싶다.

오늘 세 번째 등장한 인물은 '여리고의 거지 소경 바디메오'이다. 그는 나사렛 예수께서 지나간다는 말을 듣자 "다윗의 자손이여 나를 불쌍히 여겨 주십시오" 외쳤다. 그를 본 사람들이 책망하였지만 그는 멈추지 않고 더욱 크게 소리를 질렀다.

이에 예수께서 그를 부르신 후 "네게 무엇을 하여 주기를 원하느냐" 물으셨고, 바디메오는 "보기를 원하나이다" 대답하였다. 어쩌면 주께서 소경인 그에게 무엇을 해주기를 원하느냐고 물으신 것이나, 보기를 원한다는 바디메오의 대답은 당연한 문답이지만, 주님은 "네 믿음이 너를 구원하였다" 말씀하셨다.

과연 소경 바디메오는 어떤 믿음을 갖고 있었던 것인가? 그는 단지 세상을 보기를 원한 것이 아니라, 성경 계시 속의 메시아 곧 다윗의 자손 '나사렛 예수'를 보기 원했던 것이다. 그러므로 바디메오는 "다윗의 자손 나사렛 예수여"라고 외쳤던 것이다.

종교 지도자들과 유대인들은 예수를 알지도 못하고 외면하였지만, 그는 비록 소경일지라도 나사렛 예수는 하나님의 아들 예수 그리스도인 것을 믿었기에 예수를 보는 것을 생애의 가장 큰 영광으로 삼았던 것이다. 결국 그는 눈을 뜨게 되어 길에서 예수 그리스도를 좇았다. 다시 말하여 예수 그리스도의 제자가 된 것이다.

오늘 당신은 무엇을 원하는가? 부자 청년처럼 재물을 버릴 수 없어 영생을 포기할 것인가? 예수의 제자로서 장차 누릴 최고의 명예를 구할 것인가? 아니면 앞을 보지 못하는 비천한 거지의 신분임에도 메시아의 제자가 되기를 원할 것인가? 무엇을 구하든지 당신의 선택이 답이 될 것이다. 그러나 나는 비록 세상에서 이름도 없는 미천한 자일지라도 장차 오실 나사렛 예수 그리스도를 보기를 원할 것이다.

사랑하는 예수님! 죄인 된 나로 하나님의 아들 다윗의 자손 예수 그리스도를 보게 하심을 감사드립니다. 또한 나로 인생의 길에서 눈을 뜨게 하시어 주의 길로 가게 하신 은혜와 사랑을 감사드립니다. 이 은혜를 영생에 이르도록 잊지 않게 하옵소서. 예수님 이름으로 기도드립니다. 아멘.

[핵심연구]
1. 주님은 부자 청년을 왜 사랑하셨을까?
2. 부자 청년이 영생에 들기 위한 두 가지 전제는 무엇인가?
3. 야고보와 요한의 성취 욕망은 무엇인가?
4. 소경 바디메오는 무엇을 꿈꾸고 있었는가?
5. 당신의 소망은 무엇인가?

말씀의 성취와 믿음의 기도

(마가복음 11:24) 그러므로 내가 너희에게 말하노니 무엇이든지 기도하고 구하는 것은 받은 줄로 믿으라 그리하면 너희에게 그대로 되리라

오늘은 믿는 자의 삶 속에서 이루고자 하는 일들에 대하여 마음에 의심없이 믿고 기도할 때 성취되는 기적의 역사에 관한 말씀이다.

예수님과 제자들이 예루살렘 가까이 있는 감람산 벳바게와 베다니에 이르렀을 때의 일이다. 주님은 제자 둘을 맞은편 마을로 보내시며 그곳에 가면 아무도 타 보지 않은 나귀 새끼가 매여 있을 것이니 풀어 끌고 오라고 말씀하셨다.

이에 제자들이 그곳에 가니 주께서 말씀하신 대로 나귀 새끼가 문앞에 매여 있어 줄을 풀려고 하니 주인이 왜 나귀 새끼를 푸느냐 물었다. 제자들은 주께서 말씀하신대로 "주가 쓰시겠다"(3) 하였더니 주인이 허락하였다. 이 말씀은 주께서 말한 즉시 바로 이루어졌다.

그러나 사실 이 말씀은 이미 수백 년 전 스가랴 선지자를 통하여 "시온의 딸아 크게 기뻐할지어다 예루살렘의 딸아 즐거이 부를지어다 보라 네 왕이 네게 임하나니 그는 공의로우시며 구원을 베풀며 겸손하여 나귀를 타나니 나귀의 작은 것 곧 나귀 새끼니라"(슥9:9) 예언된 말씀이다. 그런데 놀랍게도 예수께서 나귀 새끼를 타고 예루살렘

에 입성하신 것이다.

마가는 그때의 장관을 말하여 "앞에서 가고 뒤에서 따르는 자들이 소리지르되 호산나 찬송하리로다 주의 이름으로 오시는 이여 찬송하리로다 오는 우리 조상 다윗의 나라여 가장 높은 곳에서 호산나 하더라"(9,10)기록하였다. 그런데 이 찬송 역시 시편118편 26절 말씀의 성취이다. 그러나 이보다 더 경이로운 것은 예수 그리스도께서 예루살렘에 입성하실 날이 다니엘서에 기록된 것이다.

다니엘서 9장 25절에는 "그러므로 너는 깨달아 알지니라 예루살렘을 중건하라는 영이 날 때부터 기름부음을 받은 자 곧 왕이 일어나기까지 일곱 이레와 육십 이 이레가 지날 것이요 그 때 곤란한 동안에 성이 중건되어 거리와 해자가 이룰 것이며"라고 기록되었다.

여기서 '일곱 이레'와 '육십이 이레'는 곧 '육십구 이레'인데, 한 이레는 7년이므로 '69 이레'는 곧 483년이 된다. 또한 그 당시는 바벨론력을 사용하여 1년이 360일이므로 483년은 173,880일이 된다.

또한 예루살렘을 중건하라는 명령은 아닥사스다 왕에 의해 B.C.445년 3월 14일 내려졌으므로(느2:1), 그날부터 173,880일은 A.D.32년 4월 6일이 되는데, 바로 그날 예수께서 예루살렘에 나귀를 타고 입성하신 것이다(슥9:9, 막11:11).

또한 다니엘서 9장 26절에는 "육십이 이레 후에 기름부음을 받은 자가 끊어져 없어질 것이며 장차 한 왕의 백성이 와서 그 성읍과 성소를 훼파하려니와 그의 종말은 홍수에 엄몰됨 같을 것이며 또 끝까지

전쟁이 있으리니 황폐할 것이 작정되었느니라" 예언되었으므로 이스라엘 민족에게는 아직 한 이레가 더 남아 있다. 그리고 우리는 이 내용을 계시록에 기록된 칠년 대환난을 통해서 보게 된다.

이제 우리는 예수께서 하신 제자들에게 하신 말씀이 현실 속에서 바로 성취되는 특별한 상황을 보게 되지만, 이 말씀은 이스라엘의 국가의 운명을 예언하신 것임을 알수 있다. 이와 같이 성경의 말씀은 시간과 공간을 초월하여 하나님의 예정하신 때에 성취된다.

예수께서 성경의 예언대로 예루살렘에 입성하신 후, 저녁에 다시 베다니에서 거하시고 이튿날 아침 예수님과 제자들이 성전을 향해 나아가실 때, 예수께서 시장하셔서 무엇을 얻을까 하여 무화과나무 가까이 가셨으나 잎사귀 외에 없는지라, 주께서 "이제부터 영원토록 사람이 네게서 열매를 따 먹지 못하리라"(14) 저주하셨다.

여기서 마가는 '이는 무화과의 때가 아님이라' 기록하여 이는 이스라엘에서 살아온 예수께서 무화과나무의 철을 알지 못했다는 말이 아님을 암시하였다. 다시 말하여 이는 무화과나무를 비유로 이스라엘의 장래를 말씀하신 것이라는 뜻이다.

그런데 그날 저녁에 성 밖으로 나가실 때에 보니 예수께서 아침에 저주하신 무화과나무가 뿌리째 마른 것을 본 베드로가 "선생님 보십시요 저주하신 무화과나무가 말랐습니다"(21) 말하였다. 이때 주께서 "하나님을 믿으라 내가 진실로 너희에게 이르노니 누구든지 이 산더러 들리어 바다에 던지우라 하며 그 말하는 것이 이룰 줄 믿고 마음에 의심치 아니하면 그대로 되리라"(22,23) 말씀하셨다.

어떤 목사들은 이 말씀을 근거로 너희가 바라고 구하는 것이 이루어질 것을 믿고 구하면 그대로 이루어질 것이라고 말한다. 그러나 성경의 말씀은 그 인용에 있어 성경적 해석의 범위를 벗어나면 커다란 오류가 발생한다. 다시 말하여 성경에 이렇게 기록되었으니 이 말씀을 믿고 기도하면 이루어진다는 말은 사람들을 미혹하는 것이다.

여기서 주께서 하신 말씀의 핵심은 "하나님을 믿으라"(22)이다. 이 부분이 영어 성경에는 'have faith in God'이라 기록되었다. 다시 말해서 우리의 믿음이 하나님 뜻 가운데 있어야 한다는 뜻이다. 그러므로 사도 요한도 하나님의 뜻대로 하는 기도는 들으심이라 증거하였다(요일5:14).

그러므로 여기서 예수님은 제자들에게 무엇을 이루고자 하는 사람의 절대 믿음을 요구하신 것이다. 다시 말하여 불가능을 가능케 하는 하나님의 능력을 이끌어내는 믿음의 기도의 필요성을 말씀하신 것이다. 그러므로 주님은 "내가 너희에게 말하노니 무엇이든지 기도하고 구하는 것은 받은 줄로 믿으라 그리하면 너희에게 그대로 되리라"(24) 말씀하신 것이다.

사랑하는 예수님! 우리가 말하고 기도한 것이 이루어질 것을 믿는 믿음을 주시옵소서. 예수님 이름으로 기도합니다. 아멘.

[핵심연구]
1. 무화과나무가 마른 것은 무엇을 비유한 것인가?
2. 하나님을 믿으라는 말씀은 무슨 뜻인가?
3. 우리가 기도할 때에 어떤 마음을 가져야 할 것인가?

천국에 이르는 지혜

(마가복음 12:34) 예수께서 그 지혜 있게 대답함을 보시고 이르시되 네가 하나님의 나라에 멀지 않도다 하시니 그 후에 감히 묻는 자가 없더라

마가복음 12장은 예수 그리스도의 권위를 무시하는 사람들을 향한 포도원과 농부의 비유로 시작된다.

예수님은 그들을 향해 "한 사람이 포도원을 만들고 산 울로 두르고 즙 짜는 구유 자리를 파고 망대를 짓고 농부들에게 세로 주고 타국에 갔다가 때가 되어 주인이 소출의 얼마를 받으러 한 종을 보냈더니 심히 때리고 빈손으로 보내었고 다른 종을 보내니 저를 죽이고 다시 많은 종을 보내니 때리고 죽이므로 할 수 없이 주인은 최후로 그의 사랑하는 아들을 보내며 내 아들이니 공경할 것이라 여겼더니 농부들이 그는 상속자이니 죽여 그 유업을 우리가 갖자고 하고 죽여 포도원 밖에 던져 버렸으니 그 포도원 주인이 어떻게 하겠느냐"(1-9) 물으셨다. 그에 대한 대답은 하나다. 주인은 그 농부들을 진멸하고 포도원을 다른 사람에게 주는 것이다.

계속해서 주님은 이 비유와 함께 "너희가 성경에 건축자의 버린 돌이 모퉁이의 머릿돌이 되었나니 이것은 주로 말미암아 된 것이요 우리 눈에 기이하도다 함을 읽어 보지도 못하였느냐"(11) 물으셨다. 이 말씀은 시편 118편 22절의 말씀으로 예수 그리스도에 대한 예언이다. 여기서 머릿돌이란 건물의 기초석으로 주춧돌에 해당한다. 그런

데 왜 건축가들이 건물의 중요한 머릿돌을 버렸는지 이해가 안된다. 이 말씀을 이해하기 위해서는 예루살렘 성전과 관련하여 전해오는 유전을 살펴볼 필요가 있다.

성전 건축의 돌들은 석공들에 의해 설계도의 치수를 따라 다듬어져 성전 터로 옮겨졌다. 성전 건축가들은 성전 터를 다진 후 채석장에서 보내진 돌들을 도면에 맞추어 쌓기 시작한다. 그런데 도면에 없는 커다란 돌 하나가 먼저 보내온 것이다. 건축가들은 이 돌의 용도를 알 수 없어 계속 밖으로 내어 버렸다.

그후 성전이 다 지어질 즈음 건물의 중심에 세워야 할 머릿돌이 없어 채석장에 연락하니 머릿돌은 제일 먼저 보냈다는 것이다. 알고 보니 그 돌은 처음부터 있었던 것인데 그 용도를 알지 못하여 터 밖으로 내던져 버렸던 것이다. 그래서 할 수 없이 모퉁이에 세우게 된 것이다.

성전 건축자들이 건물의기초석인 머릿돌을 내어버린 것은 전체를 볼 수 없었기 때문이다. 그러므로 성경 말씀 선체에 대한 지식과 이해가 부족하면 유대인처럼 예수 그리스도를 알 수 없게 되는 것이다.

이 말씀을 들은 유대인들은 예수께서 비유로 말씀하신 포도원과 농부는 자신들을 말한 것으로 알고 어떻게 해서라도 예수님께서 하시는 말씀을 책잡아 죽이려고 바리새인과 헤롯당 사람들 중에 예수를 시험하기에 유력한 자들을 선발해서 보냈다.

먼저 바리새인들이 예수께 나아와 "선생님이여 우리가 아노니 당신은 참되시고 아무라도 꺼리는 일이 없으시니 이는 사람을 외모로 보지 않고 오직 참으로써 하나님의 도를 가르치심이니이다 가이사에게 세를 바치는 것이 가하니이까 불가하니이까 우리가 바치리이까 말리이까"(14, 15) 물었다. 만약 예수께서 불가하다 하면 로마법에 위배되는 것이요, 가하다 하면 유대인들에게 역석이 되는 것이다.

유대인들의 완악한 마음을 아신 예수님은 "어찌하여 나를 시험하느냐 데나리온 하나를 가져다가 내게 보이라 하시고 이 형상과 이 글이 누구의 것이냐 가이사의 것은 가이사에게 하나님의 것은 하나님께 바치라"(15-17) 말씀하셨다. 그들은 아무 말도 못 하고 돌아갔다.

예수께 두 번째 도전장을 낸 사람들은 사두개인들이다. 사두개인들은 많은 제사장들을 낸 유대교 중심세력이다. 그들은 바리새인들과 달리 부활이나 천사와 같은 영적 존재를 인정하지 않았다. 권위와 명예를 중히 여기는 현실주의자들이다.

사두개인이 예수께 나아와 "모세는 형이 후사를 잇지 못하고 죽으면 그 동생이 형의 아내를 취하여 후사를 이으라 했는데 만약 일곱 형제가 있어 맏이가 후사를 얻지 못하고 죽고 그 동생들이 차례로 형의 아내를 취하였으나 모두 자식을 얻지 못하였다면 저가 부활의 날에 누구의 아내가 되겠습니까"(19-23)하고 물었다.

이에 주님은 "너희가 성경도 모르고 하나님의 능력도 알지 못함으로 오해함이 아니냐 사람이 죽은 자 가운데서 살아날 때에는 장가도 아니가고 시집도 아니가고 하늘에 있는 천사들과 같으니라"(24,25) 책망하셨다. 이 말씀은 너희가 천사도 부활도 믿지않기 때문에 성경을 이해하지 못하는 것이 아니냐 반문하신것 이다.

계속하여 주님은 너희가 "죽은 자의 살아난다는 것을 의논할진대 너희가 모세의 책 중 가시나무 떨기에 관한 글에 하나님께서 모세에게 이르시되 나는 아브라함의 하나님이요 이삭의 하나님이요 야곱의 하나님이로라 하신 말씀을 읽어 보지 못하였느냐"(26) 반문하셨다.

여기서 주님은 "너희가 부활이 없다고 믿었을진대 너희 조상 아브라함과 이삭과 야곱은 무슨 의미가 있으며 너희가 중히 여기는 모세 또한 무슨 관계가 있느냐?" 반문하신 것이다. 다시 말하여 "성경을 종교적 경전으로 가지고 있으면 무슨 소용이 있느냐" 책망하신 것이다.

세 번째로 예수님을 시험하기 위해 나타난 유대인은 서기관이다. 서기관은 오늘날 신학자와 같은 존재이다. 그는 바리새인과 사두개인들이 예수님 답변에 아무 말도 하지 못하는 것을 보고 주께 나와 "계명 중 첫째가 무엇이냐"(28) 물었다. 참으로 당돌한 자이다.

이에 주님은 "첫째는 이것이니 이스라엘아 들으라 주 곧 우리 하나님은 유일한 주시라 네 마음을 다하고 목숨을 다하고 뜻을 다하고 힘을 다하여 주 너의 하나님을 사랑하라 하신 것이요 둘째는 이것이니 네 이웃을 네 몸과 같이 사랑하라 하신 것이라 이에서 더 큰 계명이 없느니라"(30,31) 답하셨다.

이때 서기관은 예수님께 "선생님이여 옳소이다 하나님은 한 분이시요 그 외에 다른 이가 없다 하신 말씀이 참이니이다 또 마음을 다하고 지혜를 다하고 힘을 다하여 하나님을 사랑하는 것과 또 이웃을 제 몸과 같이 사랑하는 것이 전체로 드리는 모든 번제물과 기타 제물보다 나으니이다"(32,33) 대답하였다. 이에 대하여 마가는 "예수께서 그 지혜 있게 대답함을 보시고 이르시되 네가 하나님의 나라에 멀지 않도다 하시니 그 후에 감히 묻는 자가 없더라"(34) 기록하였다. 과연 예수님은 서기관의 어떤 것이 지혜 있다고 말씀하신 것일까?

앞에서 언급된 서기관과 예수님의 문답을 살펴보면, 주님은 그의 질문에 "네 마음을 다하고 목숨을 다하고 뜻을 다하고 힘을 다하여"라고 말씀하셨는데, 서기관은 "마음을 다하고 지혜를 다하고 힘을 다하여"라고 답하여 '목숨'을 '지혜'로 해석한 것이다. 다시 말하여 목숨을 다하여 하나님을 사랑한다는 것이 곧 삶의 지혜라는 것을 깨달은 것이다.

또한 율법을 중히 여기는 서기관으로 '이웃 사랑'이 '번제물이나 제물을 드림보다 나음'을 알고 있었기에 주께서 "네가 하나님 나라에서 멀지 않다" 칭찬하신 것이다. 그러나 이 말씀은 서기관인 네가 많은 것을 깨달은 것 같지만 아직 부족한 것이 있다고 지적하신 것이다. 다시 말하여 그만큼 성경을 논리적으로 분석할 줄 알면서 어찌하여 내가 그리스도인 것은 깨닫지 못하느냐고 말씀하신 것이다.

이와 같이 예수님은 자기를 시험하는 자들에게 성경에 대한 올바른 이해와 삶의 지혜를 말씀하셨다. 성경이 믿는 자들의 삶의 지혜가 되지 않는다면 그것은 종교적 경전에 지나지 않을 것이기 때문이다. 그러므로 우리도 이제 성경의 모든 말씀을 온전히 깨달아 삶의 지혜를 터득해야 할 것이다. 아멘.

[핵심연구]
1. 바리새인, 사두개인, 서기관은 어떤 사람들인가?
2. 율법 중 가장 큰 계명은 무엇인가?
3. 서기관에게 "하나님 나라에 멀지 않도다"하신 뜻은 무엇인가?

무화과나무 비유를 배우라

(마가복음 13:28-30) 무화과나무의 비유를 배우라 그 가지가 연하여지고 잎사귀를 내면 여름이 가까운 줄을 아나니 이와같이 너희가 이런 일이 나는 것을 보거든 인자가 가까이 곧 문앞에 이른 줄을 알라 내가 진실로 너희에게 말하노니 이 세대가 지나가기 전에 이 일이 다 이루리라

오늘날 사람들이 성경을 읽을 때 어떤 사람은 신학적 지식을 탐구하는 서적으로 생각하고, 어떤 사람은 이스라엘의 역사로 생각하며, 또 어떤 사람은 도덕과 윤리를 가르치는 종교적, 도덕적 서적으로 치부한다. 그러나 단언하건대 성경은 종교 서적도 윤리 강령도 이스라엘의 역사도 아닌 이땅에 세워질 하나님 나라에 대한 주 예수 그리스도의 복음의 계획을 기록한 예언서이다.

또한 오늘 우리는 종말의 때에 살고 있으며 동시에 예수 그리스도의 은혜의 시대에 살고 있음을 알 때, 오늘날 이 땅에 사는 크리스천들의 가장 큰 소망은 이 땅에서 주님을 맞는 것이다. 그러나 예수님은 "그 날과 그 때는 아무도 모르나니 하늘에 있는 천사들도 아들도 모르고 아버지만 아시느니라" 말씀하셨다. 이와 같이 그리스도의 날의 계시는 공개된 것이 아니다.

그럼에도 종말의 때에 우리 믿는 자들이 주목해야 할 말씀은 "너희는 다 빛의 아들이요 낮의 아들이라 우리가 밤이나 어두움에 속하지 아니하나니 그날이 도적과 같이 임하지 못하리라"(살전5:4,5)하신 바

울 사도의 증거이다. 이는 빛 가운데 있는 아들들은 그 날을 짐작할 수 있는 지혜를 얻을 것이라는 말씀이다.

오늘 본문에서 주님은 제자들에게 무화과나무 비유를 배우라고 명령하셨다. 배운다는 것은 어떤 지식에 속한 것이다. 성경에서 무화과나무는 이스라엘을 뜻한다. 그들은 하나님의 택하신 유일한 백성이다. 그러나 예수께서 잎만 무성한 열매없는 무화과나무를 저주하신 후 얼마 안 가서 이스라엘은 로마에게 멸망을 받아 수세기 동안 유랑하는 민족이 되었다. 이는 주께서 제자들 앞에서 미리 말씀하신 무화과나무 저주의 성취이다(막11:12-21 참조).

물론 오늘날 우리는 이스라엘의 건재함을 보고 있다. 그들은 아직 팔레스타인과 영토분쟁을 하고 있지만, 이스라엘은 1948년 5월에 독립하여 저주의 역사 속에서 전세계로 흩어진 유대인들이 영광의 땅으로 돌아와 이스라엘을 재건하였다. 그러므로 주께서 우리에게 무화과나무를 배우라하신 것은 이스라엘과 관계된 성경적 계시의 성취를 배우라는 말씀이다.

계속해서 주님은 "이 세대가 지나가기 전에 이 일이 다 이루리라"(30) 하셨다. 여기서 말씀하신 '이 세대'는 1948년에 독립한 이스라엘을 지칭하신 것이라 할 때, 성경은 한 세대를 100년으로 보므로 1948년부터의 한 세대는 2048년에 해당된다.

물론 이러한 적용은 성경학자들의 예측으로 절대적이라 할 수 없지만, 주께서 '무화과나무에 관한 비유를 배우라' 하셨고 무화과나무는 이스라엘이므로 이 말씀은 이스라엘 국가와 관계된 계시이다.

또한 예수님은 이 말씀과 함께 제자들에게 "그러므로 깨어 있으라 집 주인이 언제 올는지 혹 저물 때엘는지 밤중엘는지 닭 울 때엘는지 새벽엘는지 너희가 알지 못함이라 그가 홀연히 와서 너희의 자는 것을 보지 않도록 하라"(35,36) 경고하셨다.

이와 같은 말씀들을 살펴볼 때 계시록에 언급된 대환난 전에 있을 교회의 휴거는 매우 가까운 때에 있음을 알 수 있다. 그럼에도 어떤 사람들은 이 일은 이스라엘 민족에게만 해당한다고 치부한다. 그러나 주님은 '내가 너희에게 하는 이 말은 모든 사람에게 하는 말이니라'(37) 말씀하셨다.

물론 예수님 재림의 때는 천사들도 모르고 아들도 모르고 오직 하나님만이 아신다 말씀하셨다. 그러나 바울은 "우리가 다 잠에서 깨어날 때가 되었으니 우리의 구원이 처음 믿을 때보다 가까워졌음이라"(롬3:11) 증거하였다.

자! 이제 우리가 무엇을 하여야 할까? 어쩌면 우리는 열 처녀와 같이 모두 잠들어 있는지도 모른다. 그러나 만약 당신이 충분한 기름을 준비하였다면 신랑의 음성을 듣고 깨어나 불을 밝힐 수 있을 것이다. 나는 이 글을 읽는 모든 사람들과 함께 이 땅에서 주를 맞게 되기를 기원한다.

[핵심연구]
1. 무화과나무와 이스라엘의 관계를 묵상하라.
2. 무화과나무를 배우라는 것은 무슨 뜻인가?
3. 이스라엘의 독립은 언제이며 이방인의 때는 언제인가?

너는 무엇을 기념하는가?

(마가복음 14:9) 내가 진실로 너희에게 이르노니 온 천하에 어디든지 복음이 전파되는 곳에는 이 여자의 행한 일도 말하여 저를 기념하라 하시니라

오늘 말씀은 하나님의 아들 예수 그리스도께서 복음사역을 시작한 지 3년이 되는 해로 유대인의 명절, 유월절을 앞두고 있었다. 그때는 이미 대제사장들과 서기관들이 머리를 맞대고 예수의 처형 계획을 짜고 있었다. 이러한 상황을 아신 예수님의 행보는 빨라졌다. 주님은 낮에는 예루살렘에 올라가 말씀을 가르치시고 서녁이면 베다니 마을에서 제자들과 함께 묵으셨다.

3절에는 주께서 베다니 문둥이 시몬의 집에서 식사를 하셨다고 기록되었다. 이때 한 여인이 삼백 데나리온에 해당하는 나드 향유 한 옥합을 깨뜨려 예수의 머리에 부었다. 이 여인에 대하여 요한은 "이 마리아는 향유를 주께 붓고 머리털로 주의 발을 씻기던 자요 병든 나사로는 그의 오라비러라"(요11:2) 기록하였다.

이스라엘 여인들에게 향유는 시집을 갈 처녀들이 자신의 몸을 신랑에게 드리는 날 쓰기 위해 준비하는 것으로 신부가 최고의 향유를 준비하는 것을 덕목으로 삼았다. 그러므로 이 여인이 예수께 값 비싼 향유를 부은 것은 자신의 몸과 삶을 주께 드린다는 뜻이다.

나드 향유는 인도의 최상의 향수로 그 당시 노동자의 하루 품삯이 1

데나리온이라 할 때 3백 데나리온의 향유는 노동자 1년 치 급료를 모아도 사기 어려운 값진 것이다.

우리는 넉넉치 못한 이 여인이 어떻게 최고급 나드 향유를 준비하였는지 알 수 없지만, 누가복음에는 이 여인의 일에 대하여 "예수를 청한 바리새인이 이것을 보고 마음에 이르되 이 사람이 만일 선지자더면 자기를 만지는 이 여자가 누구며 어떠한 자 곧 죄인인 줄을 알았으리라"(눅7:39) 기록되었다.

그런데 문제는 이 일을 못마땅히 생각하던 제자 중 하나가 이 여인을 책망하며 이처럼 값비싼 향유를 팔아서 구제에 사용할 것이지 왜 허비하는가 책망한 것이다. 그러나 그가 그렇게 말한 것은 회계를 맡은 자로 사실은 돈이 탐났기 때문이다. 요한은 그가 예수를 판 제자 가룟 유다라고 기록하였다(요12:4-6).

이때 예수께서 제자들에게 "가만 두어라 너희가 어찌하여 저를 괴롭게 하느냐 저가 내게 좋은 일을 하였느니라 가난한 자들은 항상 너희와 함께 있으니 아무 때라도 원하는 대로 도울 수 있거니와 나는 너희와 항상 있지 아니하리라"(6,7) 말씀하셨다.

여기서 예수께서 말씀하신 '좋은 일'은 '아름다운 일'을 뜻한다. 헬라어에는 일상적인 선을 뜻하는 '아가도스'와 마음을 끄는 선한 매력을 뜻하는 '칼로스'가 있는데 여기서 예수님은 '칼로스'를 사용하셨다.

또한 주님은 "저가 힘을 다하여 내 몸에 향유를 부어 내 장사를 미리 준비 하였느니라"(8) 하셨다. 이 말씀은 제자들은 물론 우리도 주목해야할 말씀이다. 이 여인은 예수께서 곧 죽으실 것을 알고 살아계실 때에 메시아의 죽으심을 준비하기 위하여 여인의 능력으로는 감당하기 어려운 나드 향유를 준비하였는데 정작 주께서 사랑하는 제자들은 예수님의 십자가 죽으심과 장례는 염두도 두지 않았던 것이다.

우리는 제자들이 이미 세 차례에 걸쳐 주께서 곧 십자가의 처형을 당하실 것이라는 말씀을 들었음을 알고 있다(막 8:31, 9:31, 10:33). 또한 제자들은 예수께서 그리스도이시며 살아계신 하나님의 아들이심을 알고 있었으며(마16:16), 마음을 다하고 지혜를 다하고 힘을 다하는 것이 하나님을 사랑하는 첫 계명인 것을 배운 사람들이다(막12:33).

그러나 그들은 하나님의 아들이시며 말씀의 본체이신 예수 그리스도께서 육체로 오셔서 자신들과 함께 생육신하셨음을 깨닫지 못한 채, 주님의 죽으심은 아랑곳하지 않고 제자 중에 누가 큰가 논쟁하며 또 영광의 날에 그리스도의 좌우에 설 허망한 꿈을 꾸고 있었다. 예수님은 인류를 구원하기 위한 하나님의 복음의 계획을 성취하기 위해 자신을 올인하고 계신데 제자들은 자신들의 명예에 혈안이 되어 있었던 것이다.

이에 예수님은 제자들에게 "내가 진실로 너희에게 이르노니 온 천하에 어디서든지 복음이 전파되는 곳에는 이 여자의 행한 일도 말하여 저를 기념하라"(9) 명하셨다.

여기서 '기념하라'는 말은 '회상하라', '기억하라'는 뜻으로, 복음서에서 '기념하라'는 기록은 주께서 마지막 유월절 식탁에서 떡을 떼시며 "이것은 너희를 위하여 주는 내 몸이라 너희가 이를 행하여 나를 기념하라"(눅22:19)고 말씀하신 두 곳 뿐이다. 이 모두가 십자가의 죽으심과 관계된 말씀이다. 그러므로 주님은 복음을 전할 때 이 여인이 행한 아름답고 매력적인 일을 함께 전하여 그리스도의 오심을 준비하는 성도들에게 믿음생활의 귀감이 되게하라고 당부하신 것이다.

오늘날 예수 그리스도의 오심을 고대하는 우리 교회들은 어떠한가? 성탄절을 비롯하여 고난절과 부활절을 열심히 기념하고 있다. 그러나 이런 일은 모두 과거의 일을 기념하는 것이다. 그러나 옥합을 깨뜨린 여인은 이제 곧 십자가를 지실 예수 그리스도의 장사를 준비하고 있었다. 다시 말하여 살아계신 예수 그리스도를 기념한 것이다.

오늘 이 말씀은 우리 교회가 복음사역에 당면한 일들에만 집중한 나머지 예수 그리스도의 날을 준비하지 못하는 모순됨을 깨닫게 한다. 우리가 그날을 준비하지 못한다면 과연 우리의 믿음이 무슨 의미가 있겠는가?

사랑하는 주님! 오늘 우리는 현실생활에 이끌려 한치 앞을 보지 못하고 전전긍긍합니다. 복음사역을 맡은 목사들까지도 교회를 기념하고 성탄절과 같은 절기를 중히 여기면서도 정작 예수 그리스도의 오심에는 손을 놓고 있습니다. 오늘의 이 말씀으로 우리를 깨우치소서. 예수 이름으로 기도합니다. 아멘.

[핵심연구]
1. 마리아의 향유는 우리에게 무엇을 가르치는가?
2. 마리아가 한 일을 기념하라 하신 말씀은 무슨 뜻인가?
3. 절기 기념 행사에 대해 어떻게 생각하는가?
4. 당신의 믿음은 무엇을 준비하고 있는가?

실족의 원인과 단계

(마가복음 14:72) 닭이 곧 두번째 울더라 이에 베드로가 예수께서 자기에게 하신 말씀 곧 닭이 두번 울기 전에 네가 세번 나를 부인하리라 하심이 기억되어 생각하고 울었더라

오늘 우리는 본문에서 사도 베드로의 실패의 쓴 눈물을 보게 된다. 그러나 이것은 비단 베드로의 실패의 아픔만이 아니라 우리 모두가 믿음의 성장 과정 속에서 겪어야 할 실패의 쓴맛이 아닌가 싶다.

오늘 우리는 삼년이나 섬겨오던 주를 부인하도록 베드로를 실족시킨 사람은 작은 여종인 것을 알 수 있다. 이와 같이 생각지도 못했던 아주 하찮은 사람과 상황이 우리를 넘어지게 한다. 그러나 우리가 주목해야 할 것은 베드로의 마음이 이미 실족의 단계까지 도달해 있었다는 것이다.

베드로는 늘 다른 제자들보다 자신의 믿음에 대하여 과신하고 있었다. 이러한 과신은 대부분은 부족한 지식과 경륜에서 오는 경우가 많다. 더욱이 복음사역에 있어서 사회적 지식과 경험들은 믿음생활에 큰 도움이 되지 못하고 오히려 실수를 부추기게 한다.

어부 출신의 시몬 베드로는 주께서 "나를 따라 오라 내가 너희로 사람을 낚는 어부가 되게 하리라"(17)하신 말씀을 듣고 주님을 따른 자이다. 이것만으로 높이 살 만하다.

어느날 주님은 제자들에게 "너희는 나를 누구라 하느냐?" 물으셨을 때 제자들 중에 베드로가 선뜻 나서서 "주는 그리스도시요 살아계신 하나님의 아들이라" 고백하였다(마16:16).

이때 주님은 베드로에게 "네가 복이 있다"고 칭송하시며 "이것을 알게 하신 것은 혈육이 아니라 하늘에 계신 내 아버지이시다 이 반석 위에 내 교회를 세우리니 음부가 이기지 못할 것이다"(마16:17,18) 칭찬하셨다. 이것은 사람의 생각이 아닌 성령의 인도하심을 받는 베드로의 믿음을 칭찬하신 것이다.

그러나 베드로는 예수께서 예루살렘에 올라가 장로들과 대제사장들과 서기관에게 많은 고난을 받고 죽임 당한 후 제삼 일에 살아나야 할 것을 말씀하셨을 때에도 선뜻 나서서 "모두가 다 버릴지라도 나는 그러하지 않겠습니다" 말하여 주님으로부터 "사단아 내 뒤로 물러서라 네가 하나님의 일은 생각지 않고 사람의 일을 생각하는도다"라는 심한 책망을 받았다(마16:21-23).

어디 그뿐인가, 예수께서 앞뒤 생각없이 나서는 베드로에게 "오늘 이 밤 닭이 두 번 울기 전에 네가 세 번 나를 부인하리라"(30) 하셨을 때에도 베드로는 "내가 주와 함께 죽을 지언정 주를 부인하지 않겠습니다"(31) 대답하였다. 이와 같이 인간은 한치 앞을 내다보지 못하면서도 자신을 과신하며 말을 앞세우기를 좋아한다.

그러나 베드로의 결정적인 실패는 세상 사람들 앞에서 자신이 예수에 속한 자임을 부끄러워하며 그들과 함께 모닥불을 쪼이며 하찮은 여종에게까지 자기는 예수와 관계없다고 부인한 것이다. 그는 주이시며 스승되신 예수 그리스도보다 자신의 체면과 입지를 중히 여겼던 것이다.

이와 같이 우리 또한 세상 사람들 앞에서 예수를 부인한 일이 얼마나 많았던가? 그러면 바다 위를 걸을 정도로 자신의 믿음을 과신하던 베드로는 왜 번번히 중요한 때에 결정적인 실패를 한 것일까?

주님은 십자가의 고난을 앞두고 겟세마네 동산에 이르러 제자들에게 나를 위해 깨어 기도하라고 세 번이나 당부하셨는데도 제자들은 여전히 졸며 기도하지 않았다.

이때 주님은 "제자들의 자는 것을 보시고 베드로에게 말씀하시되 시몬아 자느냐 네가 한시 동안도 깨어 있을 수 없더냐 시험에 들지 않게 깨어있어 기도하라 마음에는 원이로되 육신이 약하도다"(37,38) 하셨다. (이때 주님은 베드로를 꼭집어 말씀하셨다.)

오늘 우리는 이 글을 읽으며 베드로는 참으로 배은망덕한 사람이라 생각하겠지만, 과연 나는 어떤가 생각해 볼 필요가 있다. 과연 나는 예수 그리스도를 위하여 한 시간 동안 기도해 본 일이 있는가? 혹시 당신이 세상 사람들 앞에 크리스천인 것을 부끄러워하였다면, 그때 예수님은 배신감을 느끼셨을 것이다. 그때라도 닭이 울어서 당신을 깨우치기를 기도했어야 할 것이다.

그러므로 바울은 자신을 평가하여 "내 안에 선한 것이 거하지 않는 줄을 내가 안다"(롬 7:18) 하였으며, 우리에게 "너희가 서 있다고 생각할 때 넘어지지 않도록 주의하라" 경계하며, 다시 "우리는 어떤 일이라도 우리에게서 난 것 같이 생각하여 스스로 만족하지 않는 것은 우리의 만족이 하나님께로부터 난 것이기 때문이라"(고후 3:5) 권고하였다.

또한 바울은 "우리의 전쟁 무기는 육신적인 것이 아니요, 오직 하나님을 통하여 견고한 요새들을 무너뜨리는 능력이라"(고후10:4) 증거하였으며, "모든 이론을 파하며 하나님 아는 것을 대적하여 높아진 것을 다 파하고 모든 생각을 사로잡아 그리스도에게 복종케 하니 너희의 복종이 온전히 될 때에 모든 복종치 않는 것을 벌하려고 예비하는 중에 있노라"(고후10:5,6) 경고하였다.

사랑하는 주님! 오늘 우리는 주께서 택하신 사도들의 실패를 보고 있습니다. 그들도 우리와 같은 무익한 인간됨을 깨닫게 합니다. 그러함에도 주께서 택하신 자들을 용납하시고 성령의 능력과 지혜를 주시어 주의 나라를 지키게 하셨습니다. 종말을 사는 우리에게도 은혜를 더하여 주시옵소서. 예수 이름으로 기도합니다. 아멘.

[핵심연구]
1. 주께서 칭찬하신 베드로의 믿음은 무엇인가?
2. 베드로의 실패의 원인은 무엇이었나?
3. 무엇이 베드로를 통회하게 하였는가?
4. 당신의 믿음의 실패는 무엇 때문인가?

당신은 무엇을 보고 믿는가?

(마가복음 15:39) 예수를 향하여 섰던 백부장이 그렇게 운명하심을 보고 가로되 이 사람은 진실로 하나님의 아들이었도다 하더라

오늘날 많은 사람들이 앞날에 대한 일들을 알고 싶어 한다. 그것은 앞날에 대한 불안감 때문일 것이다. 그럼에도 실제로 앞날에 대해 상세히 기록된 성경의 말씀에 대하여는 관심을 가지려 하지 않는다. 아마 그 이유는 성경의 예언을 읽지도, 또한 들어 보지도 못하고 또 읽고 누구에겐가 들었다 하더라도 무슨 말인지 이해할 수 없었기 때문일 것이다.

그러나 만약 바로 얼마 후에 하늘에서 집더미 만한 우박이 떨어질 것이라든가 하늘의 일월성신이 흔들리고 우리가 사는 온 땅에 지진이 일어난다면 당신은 어떻게 할 것인가? 이러한 재난이 국지적인 현상이 아니라 전 세계적이라면 당신은 어디로 피할 것인가?

당신이 아무리 견고한 성에서 살고 있다 하더라도 피할 방법이 없을 것이다. 물론 이 땅에는 환난을 이겨내고 살아서 예수 그리스도를 맞이할 사람들이 더러 있겠지만 그들은 성경에 기록된 바와 같이 그때에 구원을 받기로 약속된 이스라엘 사람들이 될 것이다.

십여 년 전 미국에서는 15세기의 예언자 노스트라다무스의 책을 읽

고 1988년 5월에 캘리포니아 일대에 큰 지진이 일어날 것이라는 소문 때문에 대소동이 일어났었다. 그러나 1988년에는 아무 일도 없이 조용히 지나갔다. 또한 90년대 우리나라에서도 다미선교회의 이장림이란 사람이 일어나 15살 난 중학생이 꿈에서 본 환상을 믿고 종말이 올 것이라 사람들을 미혹하였지만 그들이 말한 날은 조용히 지나가 버렸다.

세상의 비평가들은 성경의 예언에 대하여 끊임없이 공격해왔다. 그 이유는 성경은 이스라엘 역사이기 때문에 이미 과거에 일어난 일들이라고 생각하기 때문이다. 그러나 그들은 성경의 계시가 시대적으로 성취된 역사적 사실인 것을 간과한 것이다.

물론 이사야, 예레미야, 다니엘을 비롯한 예언서의 말씀들은 지나간 시대 속에 성취된 일들이 많았다. 그로 인하여 사람들은 구약의 예언은 이미 끝났다고 말한다. 그러나 성경의 예언은 항상 살아 있어서 말씀은 예정하신 때를 따라 성취되고 있음을 기억해야 한다. 그 이유는 각 시대별로 하나님께서 예정하신 사람들을 구원하시기 때문이다.

예언은 반드시 어떤 일이 전개되기 전에 공포되어야 하고 그 말대로 반드시 이루어져야 한다. 따라서 어떤 내용이 전개된 후에 쓰인 것이라면 그것은 예언이 아니다. 그러므로 성경은 역사 책이 아닌 어제도 오늘도 내일도 살아계신 하나님의 말씀인 것이다.

어떤 사람들은 예수께서 구약에 능통했으므로 "곤욕을 당하여 괴로울 때에도 그 입을 열지 아니하였다"라는 기록을 성취하기 위해 빌라도 앞에 침묵한 것이며, 또 "신 포도주를 마시리라"라는 구약을 성취하기 위해 "목 마르다"라고 말하여 자신이 스스로 하나님의 아들임을 나타내려 했다고 비아냥 거린다.

심지어 수많은 유대인들이 십자가를 지신 예수를 목격하면서도 "이스라엘의 왕 그리스도가 지금 십자가에서 내려와 우리로 보고 믿게 할지어다"(32) 비아냥거리며 욕하였다.

그러나 마가는 15장에서 예상치 못했던 믿음의 증인 두 사람을 소개하였다. 바로 루포의 아버지 구레네 사람 시몬과 십자가 처형장에 있던 로마 백부장이다. 이들은 예수에 대한 전문 지식을 가진 자들도 아니고 예수를 믿어야 할만한 절대적인 이유가 있는 것도 아니다. 이들은 예수님의 고난과 죽으심을 목격한 사람들이다.

루포의 아버지 시몬은 예수께서 십자가를 지고 가던 길에 있다가 로마 병사에 의해 억지로 십자가를 지게 했던 사람으로 그가 어떻게 예수를 영접했는지는 알 수 없지만, 사도행전 13장에는 바나바와 함께 안디옥 교회에서 활동하던 니게르라 하는 시므온의 이름이 기록되었다. 성경학자들은 그가 루포의 아버지라고 증거한다.

사도 바울은 로마교회에 보내는 편지에서 "주 안에서 택하심을 입은 루포와 그 어머니에게 문안하라 그 어머니는 내 어머니니라"(롬 16:13) 소개하고 있다. 이와 같이 예수의 십자가를 대신지고 가던 사람이 가족과 함께 주를 영접하고 복음의 제자가 된 것이다.

또한 사람은 바로 예수께서 십자가에 못박혀 죽으심을 목격한 로마 군대 백부장이다. 그는 이방인임에도 예수의 죽으심을 보며 "이 사람은 진실로 하나님의 아들이었도다"(39) 증거하였다. 그는 이스라엘 사람이 아니다. 따라서 성경은 물론 메시아에 대한 계시를 알지 못한다. 그러나 그는 십자가에 달리신 예수 그리스도께서 하나님의 아들이심을 고백하였다. 이와 같이 하나님의 아들 예수를 믿는 것은 성경의 많은 자료가 아니라 그리스도를 믿고자 하는 마음에 있는 것이다.

그러므로 누가 예수님을 하나님의 아들이시며 구원자이심을 믿고자 할 때, 예수 그리스도에 대한 엄청난 자료들이 요구되는 것은 아니다. 다만 사람들이 예수 그리스도를 믿지 않으려는 이유는 엄청난 성경의 증거들이 있음에도 불구하고 스스로 믿지 않으려는 쪽을 선택했기 때문이다.

그러나 분명한 것은 만일 당신이 예수 그리스도께서 나의 죄를 위해 죽으셨다는 것을 믿는다면 당신은 죄사함을 받고 하나님의 자녀로서 영원한 생명을 얻게 될 것이다. 이것이 복음이며 기쁜 소식이다

사랑하는 주님! 주의 증거가 이렇게 확실하심에도 사람들이 믿지 못하는 것은 그들이 악한 영들에게 마음을 빼앗겼기 때문입니다. 그러함에도 죄인 된 나로 그리스도의 죽으심과 부활하심을 믿게 하여 하나님의 아들이 되게 하심을 감사드립니다. 아멘.

[핵심연구]

1. 루포의 아비 시몬은 어떻게 예수를 만났으며 무엇을 하게 되었는가?
2. 백부장이 예수께서 하나님의 아들이라고 결정적인 믿음은 무엇인가?
3. 사람들이 예수 그리스도를 믿지 않는 것은 무슨 이유인가?
4. 우리는 무엇을 믿어야 하는가?

무엇을 근심하는가?

(마가복음 16:3) 서로 말하되 누가 우리를 위하여 무덤 문에서 돌을 굴려 주리요 하더니

오늘 16장은 크게 두 가지 주제로 나눌 수 있다. 하나는 커다란 돌 때문에 더 이상 주 앞으로 나아가지 못하고 근심하고 있는 믿음의 여인들의 안타까운 현실과 다른 하나는 예수 그리스도의 다시 살아나심을 본 증인들의 말을 듣고도 그들의 증언을 믿지 못하는 제자들의 불신앙 상태이다. 이것은 비단 그들만의 문제가 아니라 오늘날 성경의 수많은 증거들을 보고도 믿지 못하는 우리의 모순된 믿음이 아닌가 싶다.

마가복음 16장 서두에는 십자가에서 처형된 예수님의 장례를 준비하는 여인들의 이야기가 기록되어 있다. 제자들은 십자가의 화가 자기들에게까지 미칠 것을 두려워하여 몸을 숨기고 잠잠하고 있는 터인데 이럴 때 여인들의 용기는 남자들보다 훨씬 앞선다.

흥미롭게도 여인들의 이름 중에 막달라 마리아가 선두에 있다. 이 여인은 일곱 귀신 나간 자로서 예수께서 열두 제자들과 함께 전도여행을 떠날 때 다른 여인들의 선봉에 서서 자기들의 소유로 섬기던 여인이다(눅8:2,3). 이 여인이 과거에 어떤 생활을 하였는지 우리는 알 수 없으나 일곱 귀신 들린자라는 기록으로 보아 그녀는 예수님을 만

나기 전에는 참혹하리만큼 비참한 인생을 살았을 것이다. 여기서 우리가 '일곱 귀신들린 자'를 일곱 종류의 귀신에 사로잡힌 자로 보아야 할지 아니면 오직 하나님의 섭리 속의 악한 귀신에게 사로잡힌 것인지 알 수 없지만 주님을 만나기까지 이 여인의 삶은 사는 것이 지옥이었을 것이다.

막달라 마리아가 무덤에 들어가고자 하는 것은 사랑하는 예수님의 얼굴을 다시 한 번 보고 주의 몸에 향품을 바르기 위한 것이다. 제자들이 두려움에 떨며 예루살렘을 떠나는가 하면 어디엔가 몸을 숨기고 있을 때, 막달라 마리아는 자신이 주께 할 수 있는 최선의 방법을 모색하고 있었다.

그녀의 이러한 용기는 예수께 커다란 은혜를 입은 자의 열정적 사랑과 절대적 믿음의 발로였다. 그런데 막상 무덤 앞에 가니 커다란 돌이 무덤을 막고 있어 들어갈 수 없었다. 이에 막달라 마리아와 여인들은 "누가 우리를 위하여 무덤 문에서 돌을 굴려 주리요?"(3) 탄식하였다.

지금 마리아는 무덤 앞에 놓인 커다란 돌을 걱정하고 있는 것이다. 예수께서 그 아무도 해결할 수 없는 영육간의 모든 문제들을 단번에 해결해 주셨는데도 무덤을 막은 돌 하나로 근심하고 있는 것이다. 이와 같이 인간은 커다란 장애물 앞에 삶의 소망을 상실하게 된다.

우리 믿는 자들 또한 어떤 일을 하고자 할 때 눈 앞에 놓인 장애물로 하여 시련과 고통을 겪게 된다. 그러한 경우 대개 우리는 기도로써 해결하려 하지만 장애물의 크기에 따라 우리는 기도라는 카드조차도 무용하게 느껴질 때가 있다. 이것은 전체를 볼 수 없는 한계 속에 처한 인간의 고통이 아닐까 싶다.

그러나 주님은 이미 천사들을 보내어 무덤을 막고 있는 돌을 굴려 놓았다. 천사가 향품을 준비한 여인들에게 "놀라지 말라 너희가 십자가에 못박히신 나사렛 예수를 찾는구나 그가 살아나셨고 여기 계시지 아니하니라 보라 그를 두었던 곳이니라"(막 16:6) 전하였다.

나는 일흔 살에 폐암 4기 판정을 받았다. 이는 사형 선고와 같았다. 주께 부름받은 지 30년이 되도록 열매 맺지 못했으니 억울할 것도 없고 혈육 한 점 없으니 원통해 할 것도 없는 인생이라 피를 토하는 항암 투병을 겪으니 차라리 주께 가는 것이 복이라 생각했다. 그러나 죄의 사슬을 끊고자 나를 따르는 제자들이 아직 자유를 얻지 못한 상황에서 후계자 없이 홀연히 떠나는 것은 견딜 수 없는 고통이었다.

그 무렵 아프리카 선교사로 나가 있는 제자의 아내로부터 폐암 말기 환자인 미국인 죠 펜스라는 노인이 강아지 회충약을 복용 후 6개월 만에 완치되었다는 동영상을 보내 왔다. 그러나 현대 의학의 항암치료 속에서도 연일 피를 토하며 죽음의 고통을 겪는 나에게 강아지 회충약이라니 놀림과도 같았다.

그런 상황에도 나는 죽을지언정 강단을 비우지 않겠다는 신념 속에서 마침 이사야서를 가르치고 있었는데, 어느날 강의 중 하나님으로부터 "네 집에 유언을 하라 네가 죽고 살지 못하리라"(사38:1)는 죽음을 경고받은 히스기야 왕의 면벽기도를 보게 되었다. 그때 히스기야의 기도를 들으신 하나님께서 이사야 선지자를 보내어 환처에 '무화과 반죽'을 놓아 고치셨다(왕하 20:7).

그 말씀을 보는 순간 나는 '하나님께서 강아지 회충약으로도 고치실 수 있지 않겠느냐?'하는 믿음이 생겨나, 제자가 보내온 동영상대로 회충약을 복용하기 시작했다. 그런데 신기하게도 6개월 후에 항암치료를 멈추게 되었고, 3년이 지난 지금 완치 단계에 있다. 물론 지금 나는 회충약을 먹지 않는다. 그러나 그 당시에는 히스기야 왕의 환부에 무화과 반죽을 붙인 것처럼 나에게도 절실한 믿음의 모멘트가 필요했던 것이다.

물론 나는 주께서 부르실 때 눈을 감을 것이다. 그러므로 나는 내 숨이 남아 있는 시간까지 성경을 연구하며 주의 말씀을 믿고 전할 것이다. 주께서 죄인 중의 괴수인 내게 생명을 더하신 것은 "그리스도 예수 안에서 우리에게 자비하심으로써 그 은혜의 지극히 풍성함을 오는 여러 세대에 나타내려 하심이니라"(엡2:7) 하셨기 때문이다.

사랑하는 주님! 주의 사랑하심이 얼마나 크신지요. 내 인생을 돌아보건대 죄로 얼룩져 사람의 몰골을 찾을 수 없습니다. 그럼에도 나를 복음의 증인이 되게 하시고, 사시는 하나님을 목도하게 하셨으니 주님의 계획하신 나의 일들을 이루게 하옵소서. 아멘!

[핵심연구]
1. 일곱 귀신들린 마리아의 상태를 생각해 보라.
2. 막달라 마리아는 무엇을 근심하고 있었는가?
3. 당신은 지금 무엇을 근심하고 있는가?

완악한 마음과 불신앙

(마가복음 16:14) 그 후에 열한 제자가 음식 먹을 때에 예수께서 저희에게 나타나사 저희의 믿음 없는 것과 마음이 완악한 것을 꾸짖으시니 이는 자기의 살아난 것을 본 자들의 말을 믿지 아니함일러라

오늘 말씀은 마가복음 마지막 장에 나오는 말씀이다. 어떻게 보면 오늘의 말씀은 마가복음의 결론구라고 할 수 있다.

오늘 본문 말씀 중에서 우리의 시선을 끄는 말씀은 "마리아가 가서 예수와 함께 하던 사람들이 슬퍼하며 울고 있는 중에 이 일을 고하매 그들은 예수의 사셨다는 것과 마리아에게 보이셨다는 것을 듣고도 믿지 아니하니라"(10,11)는 기록이다.

또한 우리를 더욱 놀랍게 하는 것은 "그 후에 저희 중 두 사람이 걸어서 시골로 갈 때에 예수께서 다른 모양으로 저희에게 나타나시니 두 사람이 가서 남은 제자들에게 고하였으되 역시 믿지 아니하니라"(12,13)는 기록이다. 그들 중에는 주께서 중히 여기시던 베드로와 야고보와 요한도 있었다.

이 일에 대하여 마가는 다음과 같이 기록하였다;
"그 후에 열한 제자가 음식 먹을 때에 예수께서 그들에게 나타나사 그들의 믿음 없는 것과 마음이 완악한 것을 꾸짖으시니 이는 자기가 살아난 것을 본 자들의 말을 믿지 아니함일러라"[막 16:14]

여기서 '마음이 완악하다'는 말은 두 가지로 생각할 수 있는데 그 하나는 자기의 생각을 벗어나지 못하는 완고한 마음이고, 또 다른 하나는 다른 사람을 자기보다 못하게 여기는 마음이다.

사무엘 선지자는 하나님의 말씀에 완전히 승복하지 못한 사울 왕을 꾸짖어 "거역하는 것은 사술의 죄와 같고 완고한 것은 사신 우상에게 절하는 죄와 같음이라 왕이 여호와의 말씀을 버렸으므로 여호와께서도 왕을 버려 왕이 되지 못하게 하셨나이다"(삼상 15:23) 책망하였다. 흥미롭게도 여기서 사용된 '완고'라는 말은 '완악'이라는 말과 동일하다.

삼년간 예수와 함께 살며 주의 죽으심과 부활하심을 미리 들은 사도들이 그들과 함께 믿음 생활을 했던 동료들의 전언을 믿지 못했다는 것은 참으로 기이한 일이 아닐 수 없다.

그들은 나인성의 과부 아들의 살아남과 회당장 야이로의 딸의 살아남을 목격한 바 있으며, 더욱이 무덤에 장사된 나사로가 베를 동인채로 걸어 나오는 것을 목격한 자들이다. 그런데도 하나님의 아들 예수의 살아나심을 믿지 않았다는 것은 참으로 기이한 일이 아닐 수 없다.

물론 그 당시 제자들은 예수께서 십자가에 못 박혀 비참하게 죽으신 것을 자신들의 눈으로 목격하였고 정치적, 사회적 상황이 자신들의 목숨을 보전할 수 없는 현실 속에서 극한 두려움에 떨고 있었을 때이다. 혹시 여러분은 극한 두려움에 빠졌던 기억이 있는가? 죽음이 눈앞에 보일 만큼의 두려움이 임했다면 과연 사람은 그 두려움을 능히 이겨낼 수 있을까?

삼년이나 주를 섬기며 숱한 기적들을 체험한 제자들일지라도 영원히 사시는 하나님의 아들 메시아로 믿었던 예수께서 십자가에 달려 죽는 것을 두 눈으로 목격하였으니 예수께서 살아나셨다는 증인들의 말을 쉽게 받아들이지 못했던 것이다. 이와 같이 사람들은 자기가 갖고 있는 지식과 지혜의 범위 내에서 모든 것을 생각하고 행동한다. 현실이 자신의 생각과 능력의 범주를 벗어나면 부정하게 된다.

또한 사람들은 자기보다 못한 사람들의 말은 받아들이지 않으려는 습성이 있다. 만약 베드로나 주께서 사랑하시던 요한이나 예수님의 어머니께서 살아나신 예수를 보았다 하면 믿었을지도 모른다. 그러나 일곱 귀신들렸던 막달라 마리아나 또 자기 살길을 찾아 엠마오로 길을 떠난 두 제자에게 살아나신 예수께서 보이셨다는 증언은 쉽게 믿겨지지 않았던 것이다.

그러므로 예수께서 "자기 살아 난 것을 본 자들의 말을 믿지 아니함을 꾸짖으셨다"하신 말씀은 우리가 매우 주목해야 할 말씀 중의 하나이다. 만약 우리가 복음의 증인들의 말을 믿을 수 없었다면 부활의 복음은 전할 수 있는 방법이 전혀 없기 때문이다.

오늘날 우리가 그리스도를 믿는 것도 복음의 증인, 곧 삶속에서 예수를 만난 증인들의 증거를 통해서 믿는 것이다. 그런데 주께서 친히 세우신 사도들이 자기들보다 연약한 자들의 증거라고 해서 믿지 않았다면 그들의 믿음은 모순 된 것이다.

천사는 새벽에 무덤을 찾은 여인들에게 "가서 그의 제자들과 베드로에게 이르기를 예수께서 너희보다 먼저 갈릴리로 가시나니 전에 너

희에게 말씀하신 대로 너희가 거기서 뵈오리라 하라"(7) 하였고 예수
께서도 "형제들에게 갈릴리에서 너희를 볼 것이라는 말을 전하라"(
마28:10) 하셨다.

사실 이 말씀은 마지막 유월절을 먹던 식탁에서 떡과 포도주를 떼시
며 제자들에게 하신 말씀이다(막14:28). 불과 며칠 전에 하신 말씀인
데 그들은 까맣게 잊고 있었던 것이다. 상황이 어떻든지 간에 그 말
씀을 누가 전했든지 간에 그들은 주께서 하신 말씀을 믿었어야 했다.
그 분은 살아계신 하나님의 아들이시기 때문이다.

오늘날 믿는 사람들도 갈수록 '무엇을 믿고 있느냐'에 대해 영적 감
각이 상실되고 있다. 교회에 나가는 이유는 예배드린다, 봉사한다는
개념에 취해서 내가 정작 무엇을 믿어야 할 것인가를 잊고 있는 것이
다. 다시 말하여 열정적으로 예배드리고 설교를 듣되 성경 말씀들이
믿음과 화합을 하지 못하고 있는 것이다.

성경은 처음부터 영원한 생명을 얻은 성도들에게 주 예수 그리스도
와 함께 누릴 영광의 나라를 제시하고 있다. 그 영광을 얻기 위해 우
리는 지금 주의 사도들을 통해 주신 말씀을 살피고 우리의 천국 행
로를 방해하는 자들로부터 주의 백성들을 구원하여야 하는 것이다.

[핵심연구]

1. 불신앙은 어디에서 오는가?
2. 완악한 마음이란 무엇인가?
3. 우리는 무엇을 믿어야 하는가?

믿음의 시험과 말씀의 보증

(마가복음 16:17,18) 믿는 자들에게는 이런 표적이 따르리니 곧 저희가 내 이름으로 귀신을 쫓아내며 새 방언을 말하며 뱀을 집으며 무슨 독을 마실지라도 해를 받지 아니하며 병든 사람에게 손을 얹은즉 나으리라 하시더라

우리는 영혼의 문제를 해결하고자 예수께 나왔다가 "네 재물을 팔아 가난한 사람들에게 주고 나를 따르라" 하신 주의 말씀을 듣고도 재물 때문에 근심스러운 얼굴로 돌아간 부자 청년의 이야기를 알고 있다. 그는 영생을 소망하는 하나님의 자녀로 율법을 잘 지키는 청년이었지만 예수를 만나고도 예수를 믿지 못한 것은 재물 때문이었다. 그러므로 성경은 재물은 우상숭배라고 정의하였다.

또한 우리는 유대인의 명망있는 지도자 야이로 회당장이 딸의 생명을 살리기 위하여 예수 앞에 무릎 꿇은 위대한 사건을 잘 알고 있다. 그는 명예와 지위를 모두 상실했지만 부활을 체험한 위대한 그리스도의 사람이 되었다.

사람들이 주께로 나오지 못하는 또 다른 요소는 명예와 지위일 것이다. 자신의 명예와 지위가 자신의 과오와 죄가 드러나는 것을 원치 않기 때문이다. 그러나 당신이 어떤 고고한 인생을 살며 화려한 명예를 갖고 있는지 모르지만 믿지 않는 당신은 처음부터 여전히 죄인인 것이다.

또한 당신을 영생의 주 예수 앞으로 나올 수 없게 막는 것은 술과 마약과 게임 그리고 섹스와 같은 쾌락적 삶이다. 이것들은 참으로 극복하기 힘든 문제이기도 하지만 사실은 그것들은 자신이 좋아하는 기호로써 이미 당신의 영혼을 사로잡은 우상이 되었기 때문에 벗어나지 못하는 것이다.

그러나 구원의 주, 영생의주 예수 앞에 나오지 못하는 가장 큰 요소는 불신앙이다. 물론 불신자들의 불신앙은 말 할것도 없지만 나는 여기서 불신자의 불신앙을 말하는 것이 아니라 예수 그리스도를 믿는 크리스천들의 불신앙, 곧 성경 말씀을 믿지 못하는 불신앙을 말한다.

먼저 본문을 통하여 불신앙이 가져온 결과를 생각해 보자. 먼저 예수께서 십자가에 못 박힌 것을 목격한 제자들은 극한 슬픔에 싸여 있었다. 만약 그들이 "인자가 사람들의 손에 넘기워 죽임을 당하고 죽은지 삼 일만에 살아나리라"(막9:31) 하신 주의 말씀을 믿었다면 상황은 달랐을 것이다.

또한 그들이 "사람들은 애통할 것이나 너희는 기뻐할 것이다" 하신 주의 말씀을 믿었다면 주를 잃은 슬픔과 상실감에 사로잡혀 두려움과 불안으로 떨지 않았을 것이다. 이와 같이 주 앞에 자신의 운명과 그 모든 것을 다 내어 놓은 제자들이라도 정작 주께서 미리 말씀하신 부활의 약속의 말씀을 믿지 못하고 있었다.

주의 말씀을 믿지 못한 불신앙으로 오는 가장 큰 대가는 영혼의 멸망이다. 아담은 하나님께서 계시하신 말씀을 뒷전에 두었다가 결국 불신앙의 조상이 되어 죽었다. 또한 하나님은 노아를 통하여 홍수로 심판하실 것을 전하셨으나 그 시대 사람들은 하나님의 말씀을 믿지 못하여 모두 죽임을 당해야 했으며, 택함을 받은 이스라엘 사람들은 약속하신 말씀을 믿지 못하여 광야에서 40년 동안 헤매다가 언약의 땅에 들어가지 못하고 죽었다. 이들의 믿음은 말씀과 합의를 이루지 못하였다(히4:1-2).

그러므로 오늘 만약 이 말씀을 보고 있는 당신은 과연 무엇을 믿고 있는가 생각해 보아야 할 것이다. 예배도 중요하고, 찬송도 중요하고, 봉사도 중요하고, 전도도 매우 중요하다. 그러나 믿음의 결국은 영혼의 구원에 있는 것인데 당신이 성경의 말씀을 믿지 못하여 남은 구원하고 정작 자신은 멸망을 받는 수도 있다는 것을 기억하여야 한다.

그러므로 예수님은 하늘로 오르시면서 믿음의 실패자인 제자들에게 "너희는 온 천하에 다니며 만민에게 복음을 전파하라"(15) 말씀하셨다. 그러나 믿음이 없고 불신덩어리였던 그들이 어떻게 온 천하에 복음을 전할 수 있겠는가?

이를 위하여 예수님은 제자들에게 "아버지께서 약속하신 것을 너희에게 보내리니 너희는 위로부터 능력으로 입혀질 때까지 기다리라" 약속하였다(눅24:49). 번번이 믿음에 실패했던 제자들은 마가 다락방에 모여 기도하며 주의 약속을 기다렸다. 그리고 오순절이 이르자 약속하신 성령이 그들에게 임한 것이다.

예수님은 제자들에게 "믿고 세례를 받는 사람은 구원을 얻을 것이요 믿지 않는 사람은 정죄를 받으리라 믿는 자들에게는 이런 표적이 따르리니 곧 저희가 내 이름으로 귀신을 쫓아내며 새 방언을 말하며 뱀을 집으며 무슨 독을 마실지라도 해를 받지 아니하며 병든 사람에게 손을 얹은즉 나으리라"(막16:16-18) 말씀하셨다.

이는 제자들이 전하는 복음을 믿고 세례를 받는 사람에게 나타나는 영적 현상이다. 누구든지 복음의 말씀을 믿고 세례를 받으면 영혼의 구원을 받고, 악한 영들에게서 해방되며 새 방언을 말하게 되는 권세가 더해진다. 이는 믿는자들에게 주신 영적 축복이다.

또한 주님은 "뱀을 집으며 무슨 독을 마실지라도 해를 받지 아니하며 병든 사람에게 손을 얹은즉 나으리라" 하셨다. 이는 사탄의 유혹과 세상의 철학과 사상과 종교에 물들지 않는 내적 능력과 병든 사람들을 치유하는 능력을 약속하신 것이다. 그러므로 이제 당신은 선택해야 한다. 당신이 성경의 말씀을 믿을 것인가 아니면 사람의 말을 믿을 것인가에 따라 당신의 운명이 결정될 것이다.

사랑하는 주님! 때때로 우리는 주를 믿으면서도 성경의 말씀을 외면할 때가 있습니다. 말씀이 육신이 되어 우리 가운데 오셨다고 증거되었음에도 우리는 눈으로 보이는 것에 관심을 두고 있습니다. 그러하오니 우리를 미혹하는 뱀과 독을 이겨낼 굳건한 믿음을 허락하여 주시옵소서. 예수님 이름으로 기도합니다. 아멘.

[핵심연구]
1. 성경의 말씀을 믿지 못하게 훼방하는 것들은 무엇인가?
2. 이스라엘 사람들이 광야에서 죽은 것은 무엇 때문인가? (히4:1 참조)
3. 성령의 능력을 받기 위해 성도는 무엇을 하여야 하는가?
4. 믿는 자들에게 따르는 표적은 무엇이며 지금도 유효한가?

갈보리채플 사역비전

(히 4:10) 이미 그의 안식에 들어간 자는 하나님이 자기 일을 쉬심과 같이 자기 일을 쉬느니라

우리는 하나님의 사랑은 온 인류를 향한 것이며, 그 아들 예수를 보내어 인류의 죄를 위하여 십자가에 죽게 하시고 사흘 만에 부활케하심을 믿는다.(고전 15:3,4)
– 그러므로 우리는 죄 사함과 부활의 주 예수 그리스도를 전파한다.

우리는 모든 성경은 하나님의 감동으로 된 것으로 교훈과 책망과 바로잡음과 의로 교육하여 하나님의 사람을 온전케 하며 모든 선한 일에 철저히 구비되게 하려는 것을 믿는다.(딤후 3:16,17)
– 그러므로 우리는 하나님의 말씀을 가르치는 일에 힘쓴다.

우리는 복음의 진리 안에서 성숙하고 온전한 그리스도의 몸된 교회를 세우기 위해 하나님께서 그의 사역자를 세우시는 것을 믿는다.(엡 4:11,12)
– 그러므로 우리는 가서 모든 족속으로 제자를 삼는다.

우리는 그리스도 안에 오직 한 몸이며, 비록 각 교회에 여러 가지 다른 점이 있을지라도, 예수 그리스도로 말미암아 성령 안에서 우리 모두가 하나임을 믿는다.(엡 4:4)
– 그러므로 우리는 성령 안에서 하나 되게 하실 것을 힘써 지킨다.

갈보리채플 서울교회 (02. 546. 5811)

갈보리채플 성경대학 (www.ccbc.co.kr)

갈보리채플 권장도서

마태복음 핵심강해
이요나 저

-목회자 설교 준비 워크북
-선교사 전도 핸드북
-일반성도 가정예배 성경공부 교재
강해설교의 명문 갈보리 채플은 사탄 문화권에 사로잡혀 고통받는 젊은이들에게 오직 신구약 성경 전체를 심도깊게 가르쳐 진리의 말씀 안에서 성령을 체험한 수천 명의 제자들이 전 세계에서 복음을 전하고 있다.

응답받는 기도생활
척 스미스 저

우리의 기도는 절대적 믿음의 신뢰 속에서 하나님의 능력이 방출되게 하는 것이다. 갈보리채플 부흥의 역사는 아주 작은 신념의 기도로부터 시작되었다. 이 책은 크리스천들이 왜 실패하는 가에 대한 해답과 어떻게 성공적인 삶을 살 수 있는 가에 대한 기도생활의 비결을 깨닫게 한다.

영적전쟁의 실체
브라이언 브로더슨 저

인류 역사의 어두움이 절정에 가까워질수록 영적전쟁은 더욱 명백해 진다. 이 전쟁은 단지 철학적 감각의 선과 악의 전쟁이 아니라, 이 땅의 그리스도인들과 마귀와의 전쟁이다. [영적전쟁의 비밀]은 사탄 문화권의 젊은이들을 복음의 승리로 이끌어낸 갈보리채플 척 스미스 목사의 후계자 브라이언 목사가 제언하는 영적전쟁의 승리의 비결이다.